西部非洲
国家物流发展
系列丛书

几内亚湾港口物流发展研究

陈汨梨　封学军◎著

河海大學出版社
HOHAI UNIVERSITY PRESS
·南京·

图书在版编目(CIP)数据

几内亚湾港口物流发展研究 / 陈汨梨，封学军著
. -- 南京 ：河海大学出版社，2022.11
（西部非洲国家物流发展系列丛书）

ISBN 978-7-5630-7802-8

Ⅰ. ①几… Ⅱ. ①陈… ②封… Ⅲ. ①几内亚湾—港口—物流—经济发展—研究 Ⅳ. ①F259.4

中国版本图书馆 CIP 数据核字(2022)第 209248 号

书 名	几内亚湾港口物流发展研究 JINEIYAWAN GANGKOU WULIU FAZHAN YANJIU
书 号	ISBN 978-7-5630-7802-8
策划编辑	朱婵玲
责任编辑	卢蓓蓓
责任校对	沈 倩
装帧设计	徐娟娟
出版发行	河海大学出版社
地 址	南京市西康路 1 号(邮编:210098)
电 话	(025)83737852(总编室)　(025)83722833(营销部)
经 销	江苏省新华发行集团有限公司
排 版	南京布克文化发展有限公司
印 刷	江苏凤凰数码印务有限公司
开 本	710 毫米×1000 毫米　1/16
印 张	8.75
字 数	153 千字
版 次	2022 年 11 月第 1 版
印 次	2022 年 11 月第 1 次印刷
定 价	68.00 元

前 言

当前，以“美国优先”及其衍生的贸易战为代表的“逆全球化”使得国际形势出现“百年未有之大变局”，经济发展模式、地缘政治关系等诸多因素将长期面临着利益的再分配和再平衡。而新冠肺炎疫情的爆发进一步加剧了全球经贸关系的不确定性，可以判断未来世界经济呈现多元化、多层化、区域化格局的趋势将愈发明显。与此同时，以西非和几内亚湾沿线地区为代表的新兴经济体的出现和发展，正对世界格局和中国宏观战略产生愈加积极的影响。过去的50年间，中国与该地区国家的经济合作关系历经考验，并最终走上平稳的发展轨道，实现了多领域、多层面的经济合作关系。当今世界经济格局中，在几内亚湾沿岸地区的资本博弈正逐渐成为世界经济新格局的缩影，中国需要抓住新兴经济体崛起的关键历史节点，构建健康、合作、共同发展的新型国际经济秩序，为世界经济的稳定运行提供顶层设计。

面对复杂的国际经济形势，中国贡献了明确的方案：在多边经贸体系框架下，以构建“人类命运共同体”为发展理念，以“一带一路”倡议为实践基础，积极维护世界经济的稳定运行，并通过国际贸易和金融体系改革推动国际经济秩序向合作共赢升级。

随着“一带一路”倡议的不断推进，中国与几内亚湾沿岸区域的经贸关系发展获得了更多的机遇。然而几内亚湾沿岸国家及其物流腹地存在严重的基础设施不足，制约了该地区经济体的快速发展。以“一带一路”倡议为依托，加入“人类命运共同体”的构建，借助中国的产能优势，突破基础设施落后和产能匮乏等发展瓶颈，实现共同崛起和复兴共进正成为沿岸国家重要的战略选择。

受限于西非和几内亚湾沿岸地区独特的历史与区位条件，各界对其物流业的了解尚处于发展阶段，急需对西部非洲的区域物流系统建立整体认识，为相关的投资活动和运营层面的实践提供支撑，因此设立了以“西非区域物流系统建设与优化研究”为主题的系列专题研究。几内亚湾港口群是西部非洲对接“一带一路”倡议的重要基础设施。但目前几内亚湾沿岸仅有阿比让、特马、拉各斯等港口在全球173个重要“海上丝绸之路”港口范围内，其他大部分港口未能与“海丝之路”的核心港口有业务往来，与世界核心港口的联系甚少，港口辐射范围也较小。同时，几内亚湾沿岸港口存在基础设施建设落后、管理水平和生产效率较低，以及功能雷同导致低效竞争等不足。但从区域经济发展趋势来看，近年来第三产业比重逐步增加，并已经逐渐成为几内亚湾沿岸国家的主导产业，其经济发展潜能较大，对现代化的物流系统具有强烈需求。

纵观全球，“湾区”发展的基础离不开港口群及其物流系统。本研究借鉴“大湾区”经济发展模式，以“一带一路”倡议和“走出去”战略为要求，从港口群协同发展和世界航运网络角度，深入分析港口群的发展现状和存在问题，依托模型明确湾内重点港口腹地范围和港口间的竞争关系，构建重点港口的集疏运体系，并进一步提出无水港的布局构想。研究成果可为促进港口群内港口间分工合作、错位发展以及协同发展提供观点和支撑；通过分析域内港口与“海丝之路”航运网络的连接情况，为其融入世界主流港口航运网络，全面提升几内亚湾港口群对区域经济发展的带动作用提供技术支撑；同时也对“一带一路”倡议在沿岸国家实施提供落脚点和抓手，为属地国家提供合作共赢新平台，也为相关中资企业“走出去”提供决策支撑。

目录

CONTENTS

第1章

绪论

1.1 研究背景

几内亚湾沿岸国家多,港口较为密集但等级偏低,货种相对单一。合理的港口物流体系是决定港口生产效能和发展前景的核心环节;高效的物流通道建设将有助于该地区突破基础设施落后的瓶颈,改善进出口的交通不畅,提高区域运输效率。科学合理的沿海和腹地间主要物流通道将保证陆上运输与海洋运输的协调发展,并进一步增加该地区物流需求,创造更多的域内贸易和出口机会。同时,公、铁、水、空、管等多种联运方式将进一步降低物流成本,保证几内亚湾沿岸地区及港口腹地经济可持续发展,加快西非和中非区域一体化。在“一带一路”倡议下,良好的集疏运通道建设既是互联互通的基础,也是我国优势产能转移的物理支撑。

然而受限于西非和几内亚湾沿岸地区独特的历史与区位条件,各界对其物流业的了解尚处于起始阶段,急需对西部非洲的区域物流系统建立整体认识,为相关的投资活动和运营层面的实践提供支撑。几内亚湾港口群是西部非洲对接“一带一路”的重要基础设施。但目前几内亚湾沿岸仅有阿比让、特马、拉各斯等港口在全球173个重要“海丝之路”港口范围内,其他大部分港口未能与“海丝之路”的核心港口有业务往来,与世界核心港口的联系甚少,港口辐射范围也较小。同时,几内亚湾沿岸港口存在基础设施建设落后、管理水平和生产效率较低,以及功能雷同导致低效竞争等不足。但从区域经济发展趋势来看,近年来第三产业比重逐步增加,并已经逐渐成为几内亚湾沿岸国家的主导产业,其经济发展潜能较大,对现代化的物流系统具有强烈需求。

纵观全球,“湾区”发展的基础离不开港口群及其物流系统。本研究借鉴“大湾区”经济发展模式,以“一带一路”倡议和“走出去”战略为要求,从港口群协同发展和世界航运网络角度,深入分析港口群的发展现状和存在问题,依托模型明确湾内重点港口腹地范围和港口间的竞争关系,构建重点港口的集疏运体系,并进一步提出无水港的布局构想。研究成果可为促进港口群内港口间分工合作、错位发展以及协同发展提供观点和支撑;通过分析域内港口与“海丝之路”航运网络的连接情况,为其融入世界主流港口航运网络,全面提升几内亚湾港口群对区域经济发展的带动作用提供技术支撑;同时也对“一带一路”倡议在沿岸国家实施提供落脚点和抓手,为属地国家提供合作共赢新平台,也为相关中资企业“走出去”提供决策支撑。

1.2 研究内容与方法

1.2.1 研究内容

本书基于“西部非洲国家物流发展”系列研究——《西部非洲国家交通运输现状及通道建设研究》的成果开展，其主要内容包括：分析西非地区 16 个国家的发展历程和现状，以贯穿西非区域的物流通道和重要物流节点为重点构建了非洲西部物流通道的基本布局，通过数值模拟等方法确定了综合交通“两横五纵”的通道规划方案，并提出建设的最优时序安排和相关建议。

在上述研究的基础上，本书以“几内亚湾港口物流发展”为研究对象，地理范围涵盖几内亚湾沿岸国家及其物流腹地，包括利比里亚、科特迪瓦、加纳、多哥、贝宁、尼日利亚、喀麦隆、赤道几内亚、加蓬、圣多美和普林西比、马里、布基纳法索、尼日尔、乍得、中非共和国、刚果、刚果民主共和国等 17 个国家，如图 1-1所示。研究聚焦于几内亚湾沿岸重要港口、腹地及其重要的物流节点与通道，借鉴大湾区发展实践，围绕几内亚湾重点港口，基于前述“两横五纵”物流通道研究成果，结合几内亚湾沿岸国家、城市港口物流发展的历史、现状和趋势预测，应用区域物流系统规划与优化方法、综合交通基础设施规划相关理论和方法，研究重点港口群的腹地范围、物流需求、通道构建和无水港布局等核心问题，并提出相关发展建议。主要研究内容由以下四个部分构成，分别对应于本书的 2～4 章内容：

第一部分：几内亚湾沿岸港口区位及发展环境分析。宏观分析几内亚湾沿岸区域社会经济发展状况，以及沿岸港口群发展环境和区位条件。从“一带一路”倡议视角分析几内亚湾区港口在航运网络中的地位和作用，以及区域发展的优劣势，目的是从宏观层面掌握几内亚湾区的发展现状、条件、物流需求和港口区位等信息，为后续专题提供宏观环境支持和数据支撑。

第二部分：几内亚湾港口腹地划分与协调发展分析。以港口的分工合作为主题，进行港口层级划分和典型港口腹地范围划分研究，提出几内亚湾港口的协调发展策略，并通过港口定位重塑和港口功能布局优化的策略，提出几内亚湾港口协调发展的措施；根据协调定位进一步明确湾区港口的腹地范围，为后续集疏运体系的构建提供理论支撑。

第三部分：几内亚湾沿岸典型港口集疏运体系构建研究。在腹地划分和协同发展分析的基础上，明确各腹地的定位，通过对典型港口腹地内集装箱货运量演化特征的分析，明确其物流需求；在此基础上对典型港口及腹地范围的集疏运通道进行建模分析，并对港口群集疏运通道规划方案进行选择与评价，打通从港口到内陆腹地的物流环节，并对腹地的核心物流节点进行识别，为后续无水港布局提供决策支持。

第四部分：区域内陆无水港节点选址研究。依托几内亚湾港口群、典型港口、集装箱集疏运通道等研究成果，结合“一带一路”倡议中产能转移等内容，进行内陆无水港的选址、规模、功能研究，并提出相关布局方案，为国内优势产能的进一步转移提供技术支撑和决策支持。

1.2.2 研究框架

在方法层面，专题一主要通过港口区位理论分析、复杂网络建模分析和SWOT分析等方法，提供几内亚湾区港口腹地、内陆通道建设和无水港布局必要的经济、环境、交通等基础数据；专题二基于港口层级评价方法，建立基于GIS的改进Huff模型，分析几内亚湾区各港口腹地范围；专题三基于主要港口集装箱货运量预测和腹地划分范围，通过预测模型、运量分配、仿真建模、方案比选等方法，构建物流大通道并进行局部优化；专题四基于腹地划分和通道规划结果，用弹性系数法、加权Voronoi图、选址优化等方法，对几内亚湾区无水港进行布局研究。技术路线如图1-1。

1.2.3 研究方法

（1）构建“海丝之路”复杂网络模型，研究几内亚湾主要港口在海上丝绸之路中的地位。基于对世界主要航运公司班轮航线数据，创新采用复杂网络中的社团发现方法，构建“海丝之路”复杂网络模型，通过Newman快速算法和Louvain算法，分别对含权和不含权的港口航运网络进行结构识别，分析几内亚湾主要港口在海上丝绸之路中的地位及其社团关系。

（2）构建多因素的几内亚湾港口腹地划分模型。考虑港口条件、交通基础设施、港口能效、港口层次等因素，依托ArcGIS和Python平台进行二次开发，基于“港口-腹地”成本距离构建多因素的港口腹地竞争力模型，界定了几内亚湾港口的独享腹地和竞争性腹地。

（3）提出针对大尺度空间的三阶段港口群集疏运通道布局规划方法。针

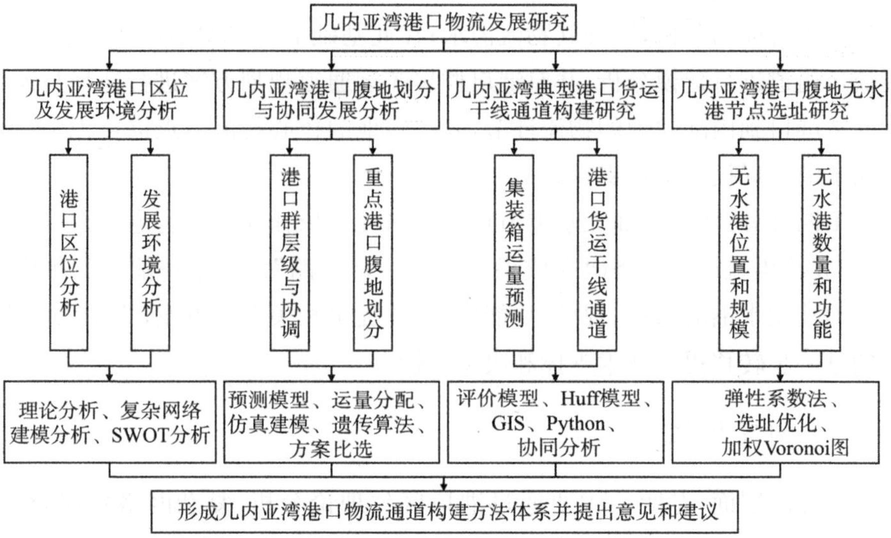

图 1-1　技术路线图

对几内亚湾地区基础资料匮乏的特征，通过运量预测、运量分配、仿真建模，基于连通性、经济性和可达性构建了一套适用于大尺度空间的物流通道三阶段规划方法；以建设成本最低为目标，构建了基于经济性、时效性和环境友好性指标的综合评价模型，进行通道的物流方式设计和优化，解决了在大尺度地理空间且缺乏实测数据的情况下，合理规划、布局运输方式的物流通道问题。

(4) 基于 Voronoi 图的无水港布局方法。在几内亚湾地区无水港选址基础信息匮乏的背景下，综合考虑几内亚湾区“公-铁-水”运输网络，无水港建设、运营成本以及社会经济发展现状与趋势等关键因素，结合 Voronoi 图进行无水港节点选址优化。通过物流需求点构建 Voronoi 图，以总成本最小为目标寻求最优选址方案，不仅降低了 NP-hard 选址问题的求解难度，而且有效规避传统定量优化方法在选址信息匮乏时的局限性。

第2章

基于大湾区视角的几内亚湾现状分析

几内亚湾沿岸港口群和城市群具有湾区经济模式的雏形。本章基于大湾区经济的相关理论，借鉴旧金山湾区、纽约湾区和东京湾区的成功经验，结合几内亚湾沿岸港口及城市条件，分析几内亚湾沿岸区域的发展现状，从港口协同发展和世界航运网络角度，提出构建几内亚湾湾区经济模式的顶层设计和思考。

2.1 大湾区概念及发展阶段分析

2.1.1 大湾区及湾区经济

根据相关文献，可以将大湾区定义为由一个或若干个相连海湾、岛屿组成，衔接众多分布于港口或入海口城市群的区域发展系统。

湾区经济是以湾区的地理条件为基础，依托发达的港口物流系统，逐渐形成的一种滨海型区域经济形态。从区域经济发展过程角度看，湾区经济可总结为港口经济、工业经济、服务经济和创新经济四个阶段。

2.1.2 港口经济阶段

由于港口可以给货物流动带来廉价的运输和丰富的物流资源，使得围绕港口发展的各种经济活动得以涌现。此时经济社会形态以及生产力发展水平处于起步阶段，港口的主要作用是整合各种运输方式实现货物快速集疏和中转。这一时期的港口经济活动相对单一，城市对港口的依赖性很强，港口主要体现的是货物进出口功能，是区域经济发展的保障，港口的区位优势往往起决定性作用。

随着以港口为核心的综合运输系统逐渐完善，临港产业得以迅速发展，港口及其腹地城市的基础设施建设加快，进一步推动港口建设深水化和大型化，港口的规模和功能日益扩张，使得城市、港口和产业发展步入良性循环。同时，港口经济的持续发展，会不断吸引资源要素的投入，引发航运、物流等服务业的兴旺。但与此同时，也会形成港口线和土地等不可再生资源的稀缺，成为港口和城市扩张以及区域经济发展的瓶颈，甚至在到达界限时还会对该区域的经济发展产生负面影响。

2.1.3 工业经济阶段

港口经济活动向港区外不断外扩，湾区沿岸城市逐渐发展成制造中心，此时区域对外贸易迅速发展，港口功能也逐渐完善，在港口周边区域汇集了大量人流和物流，对于港口城市的发展和兴盛起到重要作用。工业文明的兴起和海洋运输的双重优势，进一步推动了临港工业的发展，使得港口的经济活动不再拘泥于港区，港口周边地区和集疏运通道沿线成为接受辐射的主要区域。

此时的港口不再仅仅承担经济活动的基础物流功能，而是作为一个工业、商业不可或缺的节点。随着港口和城市的发展，湾区内部的交通基础设施已经不能满足发展的需求，需要建立更高水平的交通运输系统，通过交通一体化，带动区域发展，进而推动湾区城市与港口一体化，实现湾区经济从刚开始的服务港口转变到利用港口。此时，港口的功能更多的集中于工业原材料领域进口和产成品出口，并为后续规模化扩大奠定了基础。

2.1.4 服务经济阶段

随着工业化规模发展，全球资源配置能力提升带动产业升级，催生出了一批新兴的服务业形态，以服务业为主导的经济业态迅速发展，湾区核心城市在区域或者全球中的经济地位日益提升。

同时由于环境污染、人力和土地成本高昂等问题，依托大进大出便利的临港工业会自主或被动寻求大规模的产业转移，工业产值在湾区城市的经济占比逐渐减少，经济重心逐渐由临港工业转向现代服务业。湾区城市由原来的制造中心向生产性服务业，如金融中心、贸易中心、信息中心等转变，湾区城市掌握了高端资源，成为区域或全球资源配置核心节点，使得湾区从工业经济阶段进入服务经济阶段。

2.1.5 创新经济阶段

在创新经济阶段，信息产业将成为湾区的主导产业，形成区域多中心共同发展格局，经济活动范围扩展到更广的区域，信息产品迅速发展。此时汇集大量人流、信息流和资金流的湾区经济往往能敏锐抓住各种新兴产业发展的历史机遇，如网络服务、创新金融、供应链管理等商业模式创新，实现创新经济发展，并成为区域经济发展的制高点。

2.2 主要大湾区发展的经验借鉴

2.2.1 旧金山湾区

旧金山湾区位于美国西海岸加利福利亚州的北部，西邻太平洋，东接海岸山脉和内达华山脉，旧金山海湾水面宽阔、水深优良，连通着萨克拉门托河和圣华金河这两个加州最重要的水系，并通过金门海峡与太平洋相连(图 2-1)。

1848 年在美利坚河发现了黄金，来自世界各地的人们为了黄金和财富来到这片土地并植根于此。黄金这一独有的资源禀赋，推动了旧金山湾区的早期发展。掘金潮带来了采金业、冶炼业的发展，带动了旧金山湾区进入了港口经济阶段。

港口的发展为湾区城市提供了巨大的发展空间，湾区内共有奥克兰港、旧金山港、里士满港、红杉城港和贝尼西亚港五个港口。其中，奥克兰港作为旧金山湾区主要的港口，是美国面向亚洲以及太平洋地区的窗口，自 1927 年建港以来，十分重视基础设施建设，前后耗费 28 亿美元着力建造港区码头和集装箱多式联运的铁路、公路以及航空机场等基础设施。尤其是 20 世纪 90 年代以来，为了适应港口未来发展趋势，不断规划、扩建港口，现今它已经成为了美国的第四大集装箱港口；凭借其地理区位优势连接沿海与内陆，繁荣了湾区的工业、商业和旅游业，强化了湾区城市在美国国际贸易中的地位。

在港口与城市相互促进的同时，为了满足城市的发展需求，加强湾区城市间的交流，综合交通建设一直是湾区关注的重点。旧金山湾区有 7 座跨海大桥于 20 世纪 20—30 年代先后建成，使得湾区主要核心城市能够联动发展。湾区人口随之增加，大桥的建立不仅刺激了当时经济和就业发展，还很好地解决了湾区内各区域的孤立性，湾区城市功能基础结构初步形成；20 世纪 50 年代湾区内的高速公路开始扩张，湾区内部沟通更加密切，至 60 年代骨干公路网络已经基本成型，目前湾区已基本形成环路加放射线状网络结构。1864 年湾区内第一条铁路开通，铁路的发展加快了人员、货物的流通，湾区的城市化进程加快，20 世纪 70 年代以来湾区的轨道交通迅猛发展，很好地连通了旧金山和其他重要城市，成为湾区重要交通运输方式之一。到 2000 年，直达机场和硅谷的轨道线路相继开通，带动了湾区综合交通和城市的深度发展。目前湾区已拥有旧金山、奥克兰和圣何塞三个机场，机场间差异化发展，并拥有一体化的陆路交通网络，至此，旧金山湾区完成了工业经济发展阶段。

综合交通是区域一体化发展的重要支撑，也是实现区域经济发展的基础性因素。当前，旧金山湾区陆地面积 18 040 平方公里①，人口超过 700 万，其中高科技人员约 200 万，人均 GDP 超过 10 万美元。已经发展成“高科技湾区”，以环境优美、科技发达著称，拥有世界知名的硅谷以及以斯坦福大学、加州大学伯克利分校为代表的 20 多所著名科技研究型大学；这里同时也是谷歌、苹果、英特尔、Facebook、Tesla、NVIDIA、GILEAD、Uber 等科技巨头企业全球总部所在地。旧金山湾区发展的主要动能已成功转化为服务型经济和创新型经济。

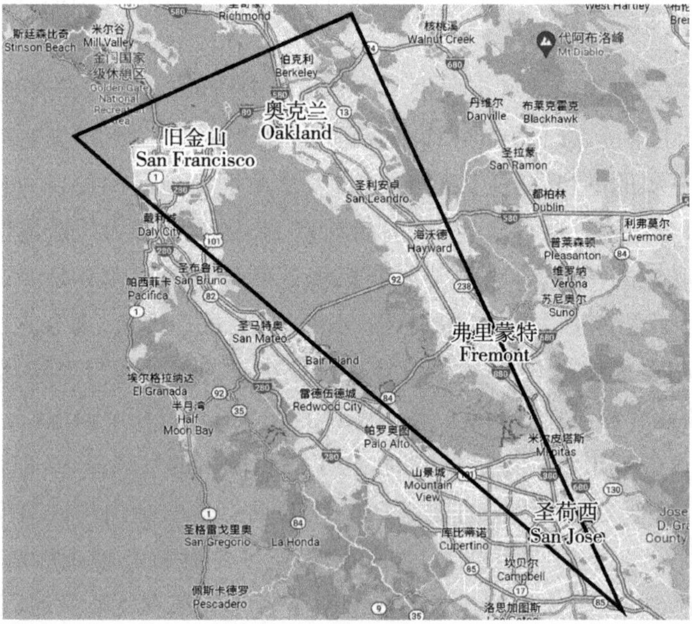

图 2-1 旧金山湾区

2.2.2 纽约湾区

纽约市最初的发展得益于优良天然深水港——纽约港，该港口不仅为纽约带来了大量财富与物产，同时也让来自世界各地的移民通过纽约港进入纽

---

① 全书因四舍五入，数据存在一定偏差。

约市，这些移民及其后代成为纽约发展的主力。依托海洋贸易，纽约本土制造业在 19 世纪初开始发展，至 1860 年纽约制造业产值已攀升为全美国第一，此时的纽约湾区处于港口经济阶段。

利用纽约湾区优越的内河优势，纽约商人在哈德逊河西岸及其附近地区开拓了许多市场，将经济迅速发展的纽约州北部和新英格兰西部紧密联系了起来，纽约的影响延伸到内陆的中部和北部。1825 年伊利运河开通以后，纽约的腹地又得以进一步扩展到了北美著名的五大湖水域以及周围广阔富饶的农业区，并成功将大西洋贸易与内陆五大湖之间的贸易沟通起来。1904 年，纽约市的一系列新运输系统开始建设，其中最著名的便是纽约地铁。随着铁路、内河等交通基础设施的完善，纽约成为了联结美国东西部地区的商业枢纽(图 2-2)。

随着港口的不断发展，公路网、铁路网、内河航道网和航空运输网四通八达，纽约湾区内制造业保持着自 1970 年以来从城市向郊区转移的趋势，进入了工业经济阶段，而周边地区受到中心城市的经济辐射和产业冲击，以农、牧、渔业为主的小城镇发生了翻天覆地的变化。如纽约州东南部的长岛地区，原先是人口稀少的郊区，由于其拥有纽约大都市区外围城郊农业带的特殊地域，其种植业、捕捞业主要用于中心城市的食品供应，以农业为主的产业结构较单一。随着中心城市的经济和人口向郊区扩散，地处纽约近郊的长岛成为疏散工业和人口的理想去处，渐渐受到城市郊区化影响，长岛纳索县和萨福克县的大片农田改成新的居住区和工业园区，农业在长岛经济中的地位逐渐降低，以现代工业和服务业为主的产业结构逐渐占据长岛经济的主体。

目前纽约湾区的面积 2.15 万平方公里，人口 2 340 万，城镇化率 90%以上，是美国人口密度最高的地区，以美国千分之二的国土面积聚集了美国百分之七的人口、8%的经济总量；世界前 100 的高校中，纽约湾区上榜数量最多，“常春藤盟校”助力华尔街发展成为世界金融的心脏；全美规模最大的 500 家公司，1/3 以上的总部设在纽约湾区，同时它也是联合国总部大楼的所在地。

2.2.3　东京湾区

1860 年明治维新以后，日本开始向现代化国家迈进，把港口放在了优先发展的位置，东京湾区现代化发展道路也由此开始。1890 年至 1910 年间，日本港口进入现代化时期，政府重点发展了对国家建设有战略意义的 14 个港口，形成了“以港兴城”的理念，城市与港口的互动日渐频繁。日本运输省于 1967

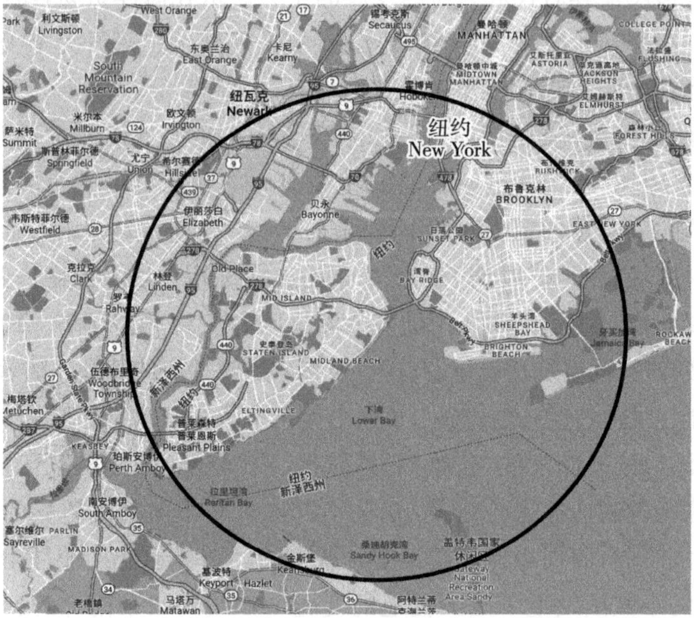

图 2-2　纽约湾区

年提出了《东京湾港湾计划的基本构想》，把该地区的东京港、千叶港、川崎港、横滨港、横须贺港、木更津港、船桥港等 7 个港口的整合成一个分工不同的有机群体，形成一个“广域港湾”，这是东京湾区的雏形，也是湾区最初的港口经济发展状态。

东京湾构想很好地推动了东京港等港口的发展。1970 年，东京湾区内的横滨港、川崎港、东京港吞吐量分别位于世界第二、第八、第十五位，整体能力位于世界前列。港口大范围、大规模的扩散功能极大地扩展了市场，例如东京港、千叶港、川崎港、横滨港、木更津港、横须贺港 6 个港口从不同方向不断向东京等城市辐射，而且六大港口首尾相连，绵延百里，极大地促进了东京等城市的发展。为了更好地让港口带动城市发展，自 1970 年起，日本在各港口和城市之间修建了多条公路、铁路，使得东京等城市一度成为国家发展和地区经济繁荣的重要基地。随着东京港等沿岸港口城市的发展，港口与腹地间的人流、物流、信息流和资金联系日益密切，依托东京港形成了以东京为核心的城市群，其间重要的基础设施比如新干线、高速公路、机场、集装箱港口等交通基础设施快速发展（图 2-3）。

在日本首都圈形成发展期间，首都圈的交通规划也根据不同的时代背景和环境进行了多次修订与调整。总体来说，最初是以铁路车站为中心建立商业圈并逐渐成为中心的，随着城市的不断扩大，铁路逐渐承担城市交通功能，引导城市逐步向外扩张。经过多年发展，东京湾成了世界交通基础设施最发达城市群之一。发达的轨道交通、四通八达的机场、先进的港口群等一系列交通体系促进了日本首都圈的人口大量向东京湾区聚集，使得东京湾区城市得到快速发展，逐渐成为日本重要的政治、金融、科技、文化中心。目前，东京湾区已是全球著名的“产业湾区”，占地面积 3.6 万平方公里，聚集了日本 1/3 的人口、2/3 的经济总量、3/4 的工业产值，成为日本最大的工业城市群和国际金融中心、交通中心、商贸中心以及消费中心。

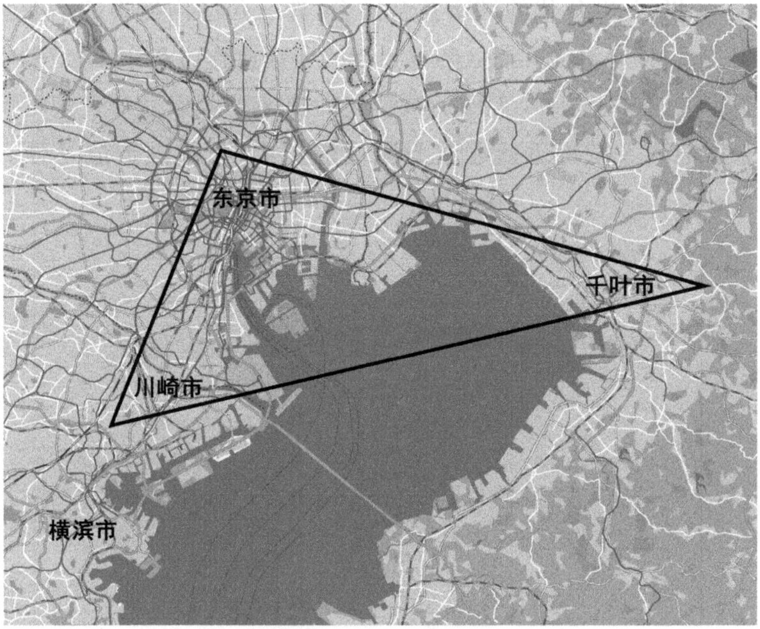

图 2-3　东京湾区

2.2.4　粤港澳大湾区

粤港澳大湾区的形成与上述三个湾区的路径有所不同。粤港澳大湾区概念的提出经历了漫长的过程，20 世纪 90 年代吴家玮提出的“香港湾区”被认为是中国最早的湾区建设设想，后黄枝连提出以“第三制”探索建立将珠海纳入其中的港澳发展圈的开发问题——“伶仃洋湾区”及“伶仃洋-粤港澳发展湾区”。在官方文件中，正式出现“湾区”概念是2005年发布的《珠江三角洲城镇群协调发展规划(2004—2020)》。“大湾区”则于2015年在中华人民共和国国家发展和改革委员会、中华人民共和国外交部、中华人民共和国商务部联合发布的《推动共建丝绸之路经济带和21世纪海上丝绸之路的愿景与行动》中首次被明确提出。

粤港澳大湾区港口群由香港、广州、深圳、珠海、东莞、惠州、江门、中山、澳门九个沿海港口和佛山、肇庆两个内河港口构成。深圳港、香港港、广州港，已成为位居国际集装箱吞吐量全球排名前十的世界著名港口，整个湾区港口吞吐量远远超出了其他湾区(图2-4)。

经过20世纪90年代的城市竞合磨合，珠三角区内城市的产业和功能已产生分工关系，在粤港澳大湾区各方长期的互动协作过程中，珠三角在发展早期受益于香港的产业转移，实现了城镇化的快速扩张以及产业集群的区块聚合，广州、深圳两大城市迅速崛起为区域的核心，与香港形成了强大的发展轴心。

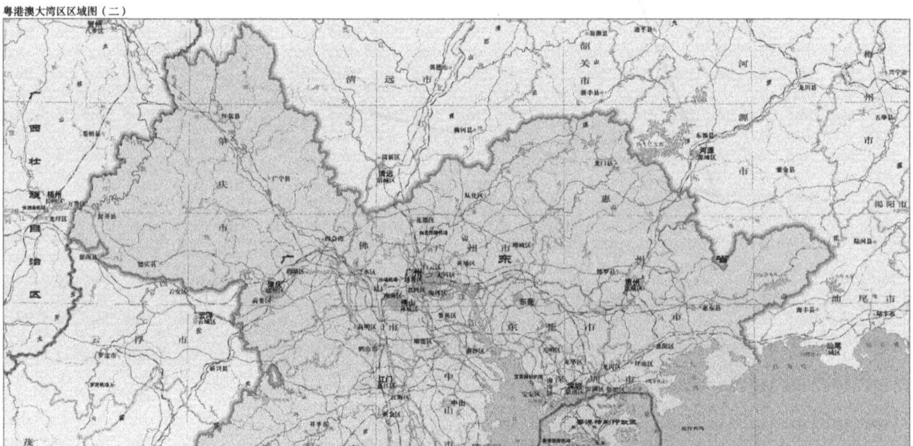

图2-4 粤港澳大湾区

2017年粤港澳大湾区的总体GDP超过了旧金山湾区，未来发展势头强劲，有望成为超过东京湾区的亚洲经济总量最大的城市群。粤港澳大湾区占全国土地面积不足1%，人口数量不到全国总人口的5%，却创造出约占国内生产总值13%的成绩。

随着粤港澳贸易的增加，港口吞吐量和城市经济均得到快速发展，为了深化中国内地与港澳交流合作、使港澳参与国家发展战略，区域一体化正加速推进。粤港澳大湾区已初步形成以广州、香港（深圳）、澳门（珠海）为枢纽，其他城市为节点的多核放射线与环线结合的现代综合交通网络，粤港澳大湾区的高速公路、铁路、轨道交通、港口和机场无论是总体能力还总体交通量，都在世界各大主要湾区中名列前茅，已达到世界先进国家水平，基本达到现代化水平。

2.2.5 现有大湾区的经验总结

(1) 港口兴城："以港兴城，港为城用，港城相长，衰荣共济"很好揭示了三大湾区的发展规律。港口在城市的发展过程中起到了绝对重要的作用，港口的繁盛直接带动了港口所在城市的工业、商业、金融、通信等产业的发展，进一步促进城市的发展，提高了城市的竞争力。同样，城市发展以后，能够为港口的发展提供货源，城市规模越大，经济越发达，港口就会发展越快。城市的发展离不开港口的依托，同时城市的发展也会成为港口的支撑。

(2) 完善的区域综合交通：交通是地区发展的前提，区域经济的实现和发展必须依靠发达的交通。对于经济欠发达的地区，交通基础设施落后是导致其经济不发达的根本原因之一。随着港口和港口城市的发展，运输产业以及运输系统也需要随之优化。一个大型的海港，需要有与其相配套的内河航运、干线公路和疏港铁路，使港口承担的客货运输任务方便地到港、离港和中转。

(3) 区域一体化：湾区的发展过程是区域一体化的过程，也是区域内两个或者更多的国家（城市）之间通过政策、法律法规等方面的统一，破除区域间壁垒或障碍，实现区域的有机结合，使得区域内的商品和生产要素在区域内自由流动，区域交通一体化的基础，保证了部门分工和区域分工，加强了区域经济联系。

2.3 大湾区经验对几内亚湾发展的借鉴

2.3.1 几内亚湾发展现状

几内亚湾是非洲最大的海湾，沿岸地区有六个西非沿海国家和四个中非沿海国家，包括利比里亚、科特迪瓦、加纳、多哥、贝宁、尼日利亚、喀麦隆、赤道几内亚、加蓬，以及湾头的岛国圣多美和普林西比，接壤的内陆国家有马里、布基纳法索、尼日尔、乍得、中非共和国、刚果共和国、刚果民主共和国等，地理位置分布详见图 2-5。

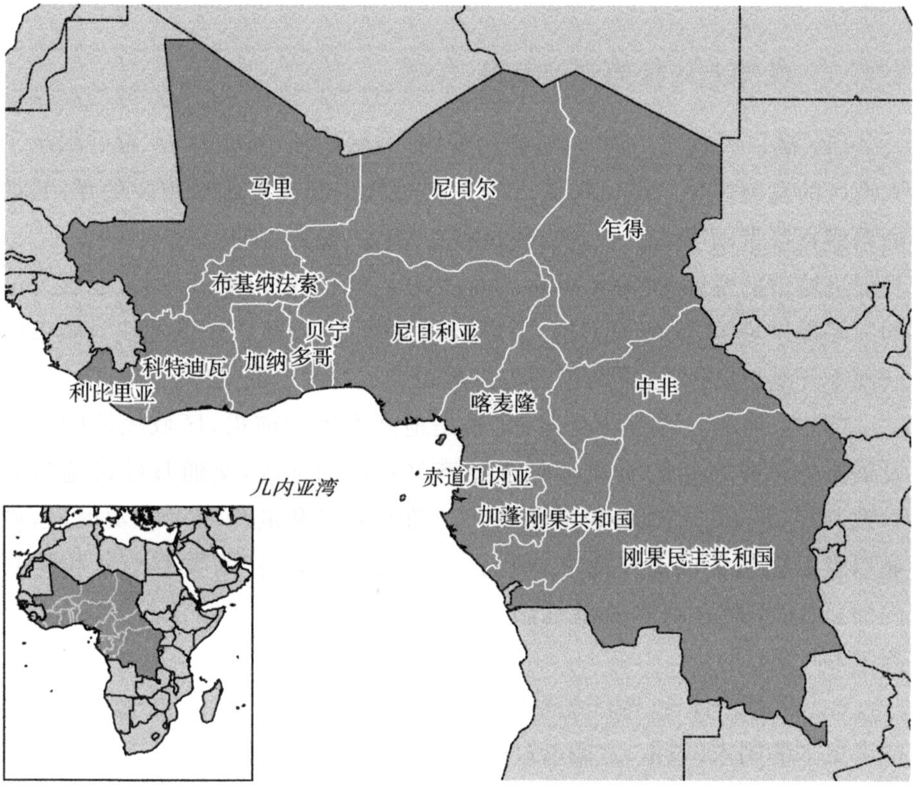

图 2-5 几内亚湾沿岸国家及邻国区位图

根据世界银行的相关数据统计，几内亚湾沿岸国家面积仅占非洲总面积的0.8%，人口为非洲的2.2%，然而创造了非洲近30%的GDP，尼日利亚GDP总量位居非洲第一，湾区大多数国家GDP增速也已经超过非洲平均水平；巨大的人口红利、飞速的城市化进程、全球的人口流动以及工业革命使得几内亚湾地区有着十分可期的前景；丰富的石油资源更是使得几内亚湾沿岸国家已经成为世界热点关注地区。但是局部冲突与动荡、投资不足、经济单一化等已经成为区域发展的严重桎梏，使得区域发展缺乏一定的活力和竞争力。随着经济全球化和"21世纪海上丝绸之路"倡议的实施，给该地区提供了新的发展机遇。

2.3.2 几内亚湾区发展的条件

(1) 区位特点

几内亚湾是非洲最大的海湾，海岸线绵长，水深条件优越，具有在相对狭窄的海岸范围培育形成较多港口城市的优势。其三面环陆、经济腹地广、地理条件优越，加上具备优先吸收外商投资能力的众多港口城市，符合形成大湾区的前提条件。同时，经过多年的发展，几内亚湾沿岸国家港口城市的发展已经具有一定的规模。

(2) 资源禀赋

几内亚湾沿岸国家矿产资源十分丰富，经勘探其矿物资源不仅总量大，而且种类多，黄金、钻石、石油等资源储量和产量居世界前列，其中加纳的黄金储量在非洲仅次于南非。石油、天然气蕴藏丰富，目前已经探明的石油储量超过800亿bbl，约占世界总储量的10%，拥有油气资源的国家包括尼日利亚、赤道几内亚、喀麦隆、加蓬以及圣多美和普林西比等国，其中尼日利亚的石油产量居非洲第一，赤道几内亚为非洲撒哈拉以南地区第三大产油国和非洲第四大液化天然气生产国。不仅如此，铁、锰、铬、钴、镍、钒、铜、铅、锌、锡、磷酸盐等储量也很大，居于世界前列。

几内亚湾地区自然条件优越，土地资源丰富，雨量及热量充沛，农业资源也十分丰富，其沿岸是非洲可可、咖啡、油棕和天然橡胶四大热带经济作物的主要产区，产量居世界前列，其中可可产量占全非洲总产量的89%，世界总产量的46%和世界出口量的1/2以上，以科特迪瓦、加纳和尼日利亚三国最为集中。几内亚湾沿海国家渔业资源、森林资源也较丰富，喀麦隆森林储量排名世界第10位，加蓬原木储量约4亿立方米，居非洲第三位。

（3）经济总体情况

近十年来，非洲总体上呈现出现较好的发展趋势，但内部分化也很明显。非洲发展银行（AFDB）公布的 2019 年非洲整体经济实际增速保持在 3.4%左右，略低于 2018 年的 3.5%，但比全球整体经济增速要高。

几内亚湾沿岸地区的经济发展对于非洲 GDP 影响重大。2015 年以来，受大宗商品价格低迷、全球经济复苏乏力、埃博拉病毒和军事冲突等因素的影响，部分国家经济增速呈大幅下滑趋势，尼日利亚尤为突出，但是经过国际组织和各国努力，自 2016 年以来，经济发展速度已开始恢复；湾区南端的中非地区经济发展一直较为缓慢，GDP 增长率长期低于非洲平均水平，但近年来发展趋势较好，GPD 增长空间较大。总体看，2016 年以来，几内亚湾沿岸大多数国家 GDP 的年增长率超过非洲平均水平。

作为几内亚湾区主要的石油、矿产品输出国，尼日利亚经济受恐袭和国际原油等大宗商品价格波动的影响较明显；加蓬自然资源丰富，政治也比较稳定，但是长期以来国民经济过度依赖石油等资源产品出口，受国际油价波动的影响也比较显著；近年来努力实施的"新型加蓬"战略，力图使国家经济多元化发展，有望扭转财政收入锐减、经济增长速率变慢、债务逐年加重的颓势。

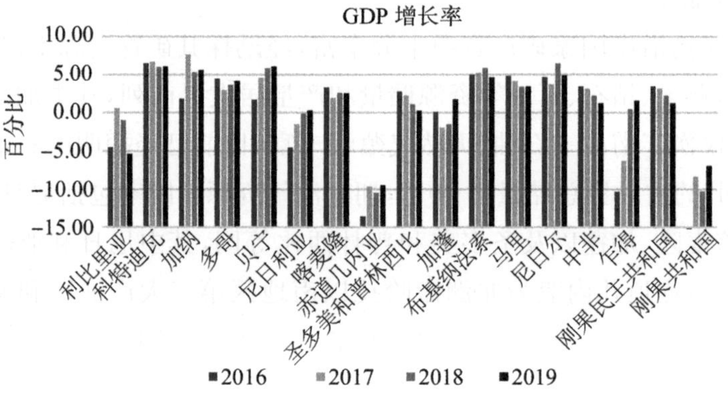

图 2-6　几内亚湾沿岸国家及邻国 GDP 增长率图

域内其他非大宗商品出口国的经济发展相对稳定。如科特迪瓦的 GDP 增速一直保持在 7%左右，并获得世界银行"非洲增长最快的经济体"赞誉，正通过制定国家发展计划规划建设大型基础设施项目。加纳和多哥也保持着强劲的 GDP 增长率，超过非洲平均水平，发展趋势良好。喀麦隆虽然 GDP 增长率不是很高，但是保持着健康良好的发展趋势，达到了非洲平均水平。同时，贝宁得益于“复兴贝宁”计划的实施，经济也保持着稳健增长（超过 4%），投资农业和基础设施投资计划、重点加强贝宁的旅游业发展等计划业已完成，其成果亦值得期待。

（4）进出口总体情况

几内亚湾沿岸国家大多为农业国和资源产出国，对外出口的产品种类主要是各类资源或初等农渔产品，进口的产品以日用品、机械设备、大型交通工具为主。例如尼日利亚、加蓬、赤道几内亚、圣多美和普林西比及喀麦隆等都为产油国。其中尼日利亚为区域内最大产油国，油气产品占尼日利亚出口货物的 90%以上。而科特迪瓦、加纳及贝宁等农业国则以初等农产品等作为出口货种。总体看，沿岸国家的出口商品过于单一且附加值过低，对自然资源依赖性较大，再生产能力较弱，很难将资源转化为经济优势，实现经济的快速增长。

近年来，沿岸国家对外贸易伙伴结构发生了较大的变化，从进出口双方向来看，传统的欧美贸易伙伴的重要性正在下降，新兴经济体特别是中国、印度的重要性正在快速上升。2018 年中非贸易额达到 2 042 亿美元，同比增长 20%，中国已经连续十年成为非洲第一大贸易伙伴国。2018 年几内亚湾沿岸各国的进出口对外贸易额见图 2-7。

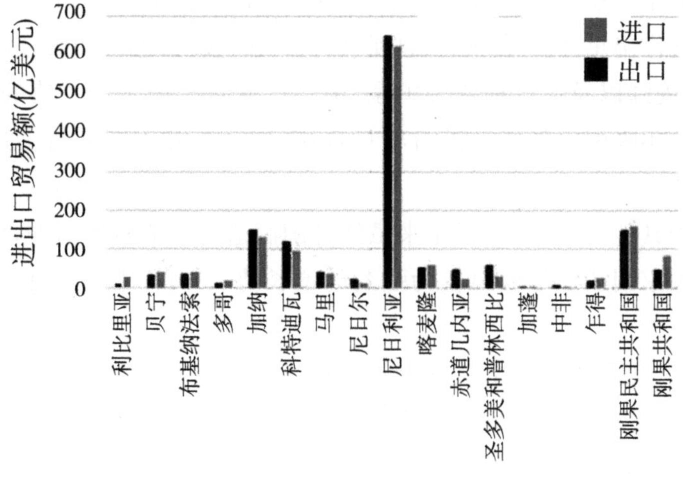

图 2-7　2018 年几内亚湾沿岸国家及邻国进出口额

对于几内亚湾沿岸国家，加快发展制造业等第二产业，增加出口商品的工业附加值，从而改善进出口商品结构，降低物流成本并提高出口货物价值和总量，是对外贸易发展的合理途径。

（5）产业结构

几内亚湾沿岸国家的工业基础较为薄弱，大多为资源或农业国，除一定的矿产加工业和农产品加工业，其他工业发展较为缓慢。科技落后导致的加工能力不足，使得初级产品的加工比例及加工程度较低，经济高度依赖低附加值的初级产品出口。

受21世纪初国际大宗商品价格上涨影响，几内亚湾沿岸国家矿业成为发展较快的行业。资源丰富国家的工业多以矿产开采与矿业加工为主，如尼日利亚的油气业，虽有着与之配套的上下游产业，但其下游产业水平明显低下，产能亟待开发。因此尽管这些矿产品出口量巨大，但对本地区经济的贡献却非常有限。而矿产资源较为贫乏的国家，其工业产值多集中在农产品加工领域，由于工业基础过于薄弱和外部竞争的压力，发展缓慢，导致几内亚湾区成为世界上粮食单产水平较低的地区。

2019年几内亚湾区各国三大产业对GDP的贡献比例各不相同：利比里亚和多哥，其主要产业仍是农业，但是比重在逐年减少；赤道几内亚、加蓬以及加纳等国，工业将会成为其经济增长的重要引擎；圣多美和普林西比以及尼日利亚等国家的旅游业、交通运输业及酒店行业预计将会继续得到大力发展，并为其经济发展作出重要贡献；科特迪瓦和贝宁是少数制造业和服务业占比较高的国家；喀麦隆以及尼日利亚等国家，第三产业对国内生产总值的贡献最大，考虑到近几年吸引国外资本进行项目合作，制造业和服务业将会进一步促进其经济发展。

相比于其他行业发展，近年来虽然各国制造业产值有所增加，但增长率较低。个别国家制造业呈现出较为强劲的增长势头，如利比里亚制造业年均增长率为16.2％。

近年来，几内亚湾沿岸基础设施领域发展呈现以下特点：其一，多数国家的道路、通信建设发展较快，尼日利亚、加纳该行业年均增长率分别达到21.2％、7.1％，以上两国的增长率均居各国行业增速之首；其二，一些国家的水电气等城市基础设施建设也发展较快，利比里亚、科特迪瓦、尼日利亚、加纳在该领域的年均增速分别为19.1％、3.9％、7.9％和5.1％。

总体而言，几内亚湾沿岸国家产业结构较为单一，与周边国家存在同质化情况，受国际市场波动影响严重，基础薄弱，在区域一体化与经济共同体建立的进程中，有着极大的发展潜力和机会。

(6) 营商环境、国家竞争力及投资吸引力

几内亚湾各国的营商环境和经济自由度均在世界 100 名之后，相对较好的为科特迪瓦、加纳和尼日利亚；这些投资环境相对便利的国家均拥有丰富的自然资源和可观的劳动力资源，同时政府重视通过扩大吸引外资促进经济社会发展。

2.3.3　几内亚湾港口发展情况

2.3.3.1　几内亚湾港口基本情况

几内亚湾海岸线蜿蜒长达 4 000 多公里，沿岸主要港口有 26 个(其中大型港口 18 个)，大型港口地理位置和基本情况如图 2-8 和附表 1-1 所示。

图 2-8　几内亚湾沿岸大型港口分布图

从整体上来看，几内亚湾沿岸国家港口仍以中小规模为主，基础设施普遍较差。集装箱泊位较少，且泊位水深一般不足 12 米，最大只能靠泊 4 500TEU 集装箱船。对于资源输出型国家，其油轮码头由各大跨国石油公司建设运营，此类码头设施状况偏好。

2.3.3.2　几内亚湾港口的发展环境分析

(1) 发展优势

气候条件良好，生产生活条件较便利。得天独厚的气候条件为几内亚湾地区提供了大量的原油和矿产，同时，土壤质量也很适合农业发展。几内亚湾一带的农产品种类繁多，包括谷物、块茎和块茎作物、油籽以及多种多样的水果。

区位优势明显，有较大市场吸引力。几内亚湾国家与西非和中非内陆国家相比，有着得天独厚的区位优势和较便利的交通运输条件及配套的仓储设施，具有一定市场容量和辐射功能潜力。

矿产资源丰富，油气储量较高。几内亚湾拥有丰富的自然资源，随着新油田的发现，原来的贫油国如加纳和科特迪瓦，都跻身于产油国之列，圣多美和普林西比甚至有可能成为“非洲的科威特”。除油气资源外，几内亚湾国家还拥有丰富的铁矿石、黄金、铝矾土、磷酸盐和铀矿等资源。

人力资源丰富。几内亚湾沿岸地区为重要的对外通商口岸，人口稠密，每平方千米人数在 100 人以上，尤其是尼日尔河三角洲人口更为稠密，局部地区每平方千米超 500 人。尼日尔河三角洲石油资源开发和石油工业发展加速了人口聚集过程，城市迅速膨胀，区域人口密度迅速增长。几内亚湾作为非洲人口较为集中的地区之一，拥有大量的、低价的劳动力资源，可以充分满足几内亚湾基础设施建设和制造业的发展需求，带来几内亚湾港口更大的发展前景。

几内亚湾港口虽然集装箱泊位等级低，但在整个非洲西海岸地位较突出。从全球航运业来看，几内亚湾沿岸除了油品码头泊位以外，港口泊位数普遍较低，目前亚洲主要港口到港集装箱船舶吨级在 8 000TEU 以上，而几内亚湾沿岸港口最大集装箱船舶不超过 4 500TEU。从非洲西海岸来看，几内亚湾沿岸的集装箱港口表现较好，根据 2013—2017 年集装箱港口吞吐量，几内亚湾区域有 9 个港口的吞吐量大于 10 万 TEU，以拉各斯、洛美、特马和阿比让港口最为领先，其他港口仍有较大的潜力。

目前世界银行和非洲联盟针对通道、加快通关效率和过境便利化的一系列工程建设，将会极大缓解几内亚湾港口拥堵情况，促进当地经济快速发展。在贸易需求的推动下，几内亚湾主要港口现阶段都有在建工程或扩建计划，例如，科特迪瓦的阿比让港将建设 1 个集装箱码头和 1 个滚装码头，并进行航道防波堤的改建等；加纳特马港将新建 4 个 15 万吨级货柜码头泊位；洛美港将增加 1 700 米长的深水岸线，规划可停靠运载量为 8 500TEU 的集装箱船；克里比港区总规划面积约 855 万平方米，规划泊位总长度 6.4 公里，总泊位数约 20 个，其中集装箱码头设计年吞吐量 25 万吨，散货码头设计年吞吐量 120 万吨。这些扩建和新建工程将显著改善几内亚湾港口的落后状况。

（2）发展劣势

海岸线平直单调，建港条件不佳。岸线平直单调，缺少弯曲，许多地区大断层崖壁直逼海岸，沿岸平原狭窄，沿海岛屿不多。在几内亚湾内，优质良港并不多，几乎不存在较多的天然港湾，不具备建设大港的屏蔽条件。

季风作用强烈，影响海港作业。几内亚湾到安哥拉以北海岸盛行西南风，风向垂直海岸，使得季风对海岸的影响非常明显，而风浪作用强烈会给船舶的停靠、货物的装卸、港口设施、码头的构筑和维护带来诸多困难。

几内亚湾国家基础设施建设普遍较落后，运输效率较低。几内亚湾沿岸港口集疏运目前多为单线联系，不同港口集疏运线路互不相连，沿海间陆路联系不多，海路联系也较差。加上港口拥挤、设备质量差和管理水平低下，港口集疏运条件有待完善。

几内亚湾沿岸国家经济缺乏互补性，区域内部贸易额较低。对外以出口为主，进出口不平衡情况较为严重，对外贸易进出口商品结构差异明显。几内亚湾绝大多数国家出口商品种类单一，适箱货比例较小的国家通常为矿石资源出口大国，以矿石散货作为最大的出口商品货种。而适箱货比例较大的国家则以农产品为主要出口商品，其附加值较低，产品价值不高。进口商品中以轻工业产品、机械和粮食等为主要货种，工业附加值一般高于其出口商品，大多还是为其经济发展所必需的生产生活资料。

几内亚湾以大量小规模港口为主，在世界海运中占比小，未能有港口进入到世界集装箱港口百强。大多数港口的泊位数不超过 30 个，并且相当数量港口的泊位数仅 10 个左右。受资金投入的限制，大多数港口基础设施落后，阻碍了港口规模的扩大，无法形成达到国际化标准的大型港口，在世界范围内海洋运输中所占的比例不高，其商船吨位不到世界商船总吨位的 1%。

港口功能单一、布局不合理、集聚效应不强。当前，几内亚湾虽未形成具有较高知名度、服务效率领先的枢纽型港口，但主要基本港均聚于这些经济相对发达的国家区域内，现已基本形成以尼日利亚拉各斯（包括廷坎港和阿帕帕港）、科特迪瓦阿比让、安哥拉罗安达等为主的湾内港口群雏形。

道路条件较差和交通堵塞，使得大部分运送集装箱的卡车每天只能在港口和堆场之间往返一次，卡车数量也远不能满足需要，无法缓解港口拥堵压力，堆场现有的叉车等设备也远远不能满足需求。同时由于治安情况糟糕，运送集装箱的车辆不敢在夜间行驶，运输效率低。港口装卸和服务设备缺乏，仓储和冷冻设备不足，人工装卸效率低下，效率仍然停留在 20 世纪 60 年代 300～500 吨/天的水平。

港口运营状况不佳，通关时间长，收费高。几内亚湾沿线港口海关通关和港口作业程序复杂，管理部门繁多，港口之间缺乏竞争，导致通关时间一般在 16～18 天，装卸时间为 6～7 天，船舶拥挤较严重，如：喀麦隆的杜阿拉港平均通关时间为 18.59 天，调研数据显示部分港口的船舶甚至需要等待 2 个月才能抵港卸货。由于通关效率和装卸效率低，以及港口运营商私自加收各种费用，导致船舶费用和货物通关费用较高，部分港口集装箱装卸费用竟达 400 欧元/TEU。

沿岸国家政治环境不稳定，海盗猖獗，影响航运安全。几内亚湾中部的西非地区是全球安全形势最严峻的地区之一。受困于纷繁的党派、部族、宗教争斗，以及前殖民者遗留的领土和边界争端，从北面加纳、利比里亚、塞拉利昂，到中部的多哥、贝宁、尼日利亚，再到南部的喀麦隆均以局势动荡闻名。本国或周边国家的政治环境不安定严重影响几内亚湾沿岸国家经济的发展，对港口建设、运营和航运安全都带来巨大威胁。同时几内亚湾海盗猖獗，给沿岸国家乃至世界经济都造成了重大损失。

2.3.3.3　几内亚湾港口地位和作用

从考虑航线连接性的角度来看，“海丝之路”航运网络中包含一个由 173 个港口节点组成的大型社团，且“海丝之路”航运网络中度值排名前 20%的核心港口均在该社团。几内亚湾有 4 个港口在第一社团内：拉各斯港、阿比让港、特马港及洛美港，说明几内亚湾港口中大部分港口并未与“海丝之路”的核心港口有业务往来，几内亚湾港口群与世界核心港口的连接主要是依靠这 4 个港口。这 4 个港口的吞吐能力决定着几内亚湾区域资源输出的能力，其基础设施的建设应首先得到重视。除此之外，几内亚湾其他港口绝大部分均为第三类社团，即这些港口与“海丝之路”的核心港口联系甚少，其服务范围仅覆盖其所在国家。

从以航线距离为权重的角度看，非洲西海岸的港口主要分布在三大社团，其中几内亚湾港口群主要分布在10号社团，该社团中共计有32个港口。除几内亚湾港口群外，与几内亚湾港口联系最为紧密的是南非港口，其次是东非港口。

几内亚湾港口群在“海丝之路”中的地位：与世界核心港口的联系甚少，集装箱运输主要依靠拉各斯港、阿比让港、特马港及洛美港这4个港口，其余大部分港口辐射范围较小。从整体来看，几内亚湾港口群与南非港口联系最为紧密，说明除这4个港口以外，几内亚湾多数港口目前在“海丝之路”中担任的是南非核心港口喂给港的角色。

2.3.3.4　发展机遇

(1)“一带一路”倡议带来中非合作新机遇

中非合作日益深入，贸易发展加快。自2000年“中非合作论坛”成立以来，中非新型战略伙伴关系取得了重大进展，中国对非洲贸易和投资规模不断扩大，中非全方位立体式合作体系逐步构筑。中国已超过欧洲整体对非洲贸易额，非洲也成为中国对外贸易新的亮点。

中国加大对几内亚湾的投资和港口建设。中国对外直接投资分布在全球190个国家(地区)，境内投资者设立对外投资企业3.72万家，覆盖全球超过80%的国家(地区)，境外企业资产总额达5万亿美元。近年来，中国加大了对非洲的援助和投资，支持非洲国家和跨区域基础设施建设，扶持非洲工业、农业等发展项目。随着中国积极实施“走出去”战略，中国对外投资的领域不断拓宽，合作规模不断扩大。几内亚湾作为“一带一路”倡议中较重要的区域，虽然目前其经济基础还较薄弱，但可以看出其潜力非常巨大。

(2) 国际组织对非洲基础设施建设的关注

非洲基础设施发展方案(PIDA)项目将加快非洲基础设施建设。PIDA是非洲联盟委员会(AUC)倡议与非洲开发银行和联合国非洲经济委员会合作的计划，旨在加速非洲大陆的基础设施建设。PIDA的主要目的是达成对建设大型跨境基础设施项目的共识和确认其所有权，这些项目将整合一个大陆的能源、交通和水资源开发。截至2020年，PIDA优先行动计划(PIDA-pap)已包括51个方案，分为433个项目，涵盖运输、能源、信息和通信技术、跨界水资源等。

西非运输和过境便利化项目改善域内运输效率。其中阿比让—拉各斯走廊由西非国家经济共同体(西非经共体)和西非经济和货币联盟(西非经货组织)通过区域公路方案确定。该项目作为西非区域经济和社会发展的最高优先走廊之一的运输和过境便利化方案,每个路段对于子区域的国际贸易都至关重要。所有这些路段都需要恢复和扩大,以减少沿海走廊的拥挤。该项目的实施将会改善几内亚湾西非区域的贸易和运输走廊沿线的效率低下问题,促进几内亚湾整体经济发展,保证几内亚湾港口集疏运系统得到进一步完善,提升港口效率,发挥港口优势。

(3) 非洲一体化进程的加快

在非洲地区存在诸多区域一体化组织,其中由非盟认可的有8个。这些区域合作组织在贸易融合、基础设施建设合作、产业链融合、金融合作、人员自由流动这五个方面的一体化程度不断加深。通过一体化,非洲能成为世界舞台上的主要力量。一体化有利于非洲实现持续增长、抵御外部压力,有利于非洲企业发展壮大、进军全球市场。特别是非洲大陆自贸区建设,将推动非洲经济结构进行前所未有的转型,并带来更高的经济和出口增速。

(4) “非洲发展新伙伴计划”带来外部参与的非洲全球治理

“非洲发展新伙伴计划”是非洲国家为应对自身在全球化进程中不断边缘化的现实而启动的综合发展计划,被定位为新世纪非洲的综合发展蓝图。来自外部的影响(参与)一直以来是非洲发展进程中的重要方面,借助“非洲发展新伙伴计划”这一机制化平台,外部国家对非洲发展和治理的参与不断增多且更加规范。以美国、法国、德国、英国、日本、意大利、加拿大和俄罗斯为成员国的西方主要工业化国家对非关系的机制不断增强,在经济、难民、粮食和债务上对非洲有较大程度的援助和合作。

面对“一带一路”和“非洲发展新伙伴计划”等发展机遇,几内亚湾港口群应当牢牢抓住并发挥其自身优势,制定适合其自身发展的战略。几内亚湾港口与南非和北非的港口相比仍有较大差距,要想进一步提升港口的功能和规模,应充分利用区位优势,提升港口战略地位,扩大腹地范围,提升揽货能力,完善集疏运体系和加大无水港的建设和投入,实现几内亚湾港口群物流能力的快速发展。

2.4 对几内亚湾区发展的思考

几内亚湾为非洲最大的海湾,海岸线绵长,水深条件优越;沿岸地区众多资源储量居于世界前列;拥有丰富的人力资源,区位包含非洲人口最多的国家尼日利亚;经济基础较好,沿岸国家的GDP排名在非洲较靠前。总体看,几内亚湾在地理位置、沿岸国家自然资源、人力资源和经济发展水平等方面已具备一定的湾区建设基础,有望为非洲发展提供新模式。

但相较于纽约湾区、东京湾区等其他湾区,几内亚湾区在众多方面还存在非常大的差距。首先,城市发展程度较低,且该地区是多级的均衡化状态,国家间和城市间没有明确分工,差异化不明显,如何整合优势资源、优化资源分配是几内亚湾区沿岸国家需要协同解决的问题;第二,纽约湾区、东京湾区等都属于同一个国家,而几内亚湾区由十多个国家组成,面临着不同国别、不同政体、不同文化等一系列挑战,实现规则、法律、政策等方面的融合将是复杂、长期的任务,需要建立合理可行的协调机制;第三,相较于其他湾区国家,几内亚湾区国际物流基础设施建设严重欠缺,已成为制约该地区发展的主要瓶颈。

虽然几内亚湾地区形成大湾区经济模式存在诸多困难,但仍可以在借鉴其他湾区的基础上,结合几内亚湾区的本身特点,通过以下方式进行尝试:

(1) 精确定位港口功能,充分发挥港口群资源整合

由于几内亚湾区的地理位置和资源优势,已形成一定规模的港口群,但是湾区内港口间距离较近,货种类似,各自独立,缺乏有效协调机制,导致竞争激烈,港口群无法发挥最大的共赢效益。可行方案是:成立湾区港口群管理相关机构,建立协调机制,结合各港口的发展条件和自身特征,明确各自功能,从顶层设计上做到分工合理、优势互补,实现湾区港口群能力和效益的最大化,促进群内港口良性竞争与共同发展;同时借助核心国家和核心港口的引领和辐射功能,带动整个区域的经济发展。

(2) 加快湾区内部物流基础设施的建设

目前湾区沿岸国家交通设施相对较为落后,如:公路总长度约为50万公里(低等级公路占绝大多数),铁路长度约为1万公里(连通性差、轨距标准不一),有的国家甚至没有铁路,航空货运量和港口吞吐量也远低于其他湾区的起步阶段。可行方案是:在加快沿岸各国内部交通基础设施建设的同时,合理规划设计跨境交通设施,构建高效的港口群、无水港、城市综合交通网络以及现代物流体系,逐步实现区域一体化,使湾区内的物流、人才流、技术流以及资金流等都能在更短的时间内完成配置与投放,提高湾区内部交通运输服务水平。

(3) 增强湾区聚合力,实现区域一体化发展

几内亚湾区欲实现区域一体化,需要设计更加符合湾区未来发展趋势的协同机制。可行方案是:根据现行制度设立区域联动协同中心,进而带动区域经济一体化发展,加强各国间全方面交流,促进沿岸多元文化和经济的融合,保证可持续发展能力。

(4) 加强人才培养和引进,提高湾区创新能力

人才的聚集是大湾区独特的文化,案例中的四大湾区能够达到今天的成就与人才的转移有着密切的联系。只有通过一大批高水平大学和研发机构集群的强力支撑,构建较完备的创新体系,才能打造成世界级的科技创新集群地。高水平大学在湾区集群发展所产生的涓滴效应将加快大湾区产业由劳动密集型向资本和技术密集型过渡和转变,同时将为湾区的创新和突破提供了大量科技人才。可行方案是:沿岸各国协同加大教育投入,培养具有各种专业背景的人才,共同出台人才引进政策,建立更加完善的人才聚集制度,实现科技成果转化。

从几内亚湾区域经济发展趋势看,近年来第三产业的比重逐步增加,并已经逐渐成为区域的主导产业,经济发展潜能较大,对现代化的物流具有较强需求。湾区的发展离不开港口群的发展,目前几内亚湾港口与"海丝之路"航运网络的连接程度欠佳,与世界航运主流的航线的连接程度不够紧密,是"海丝之路"航运网络的"孤岛"。几内亚湾各港口基础设施及其后方集疏运系统的低水平、低效率,与区域内日益增长的物流运输需求的矛盾日益明显,港口群对区域内各国的经济发展并未起到良好的带动作用。解决这一矛盾,除须提升港口服务质量和基础设施水平外,港口后方集疏运体系和物流系统的完善也尤为重要。

湾区的发展,首先是港口群和物流系统的发展。作为区域物流系统规划的基础,应当在明确重点港口腹地范围和港口间的竞争关系的基础上,构建重点港口的集疏运体系,合理布局无水港,促进港口间分工合作、错位发展,形成发展合力,通过与"海丝之路"航运网络的连接,融入世界主流港口航运网络,全面提升几内亚湾港口群对区域经济发展的带动作用。

第3章

划分与协同发展几内亚湾港口腹地

几内亚湾港口间尚未形成一个结构性、联通性的网络，存在很大的提升空间。其港口间布局分工不明确，高度的腹地、货种重叠导致了港口间的激烈竞争。因此提出几内亚湾港口腹地划分与协同发展研究，以提升几内亚湾沿海港口的设施水平和服务能力，构建以枢纽港为核心的沿海港口体系，形成完善的集装箱港口运输格局，促进该地区国际生产要素集聚，发展外向型经济，加速推进区域经济一体化。

3.1　几内亚湾港口层级划分

几内亚湾区大部分国家的工业活动及进出口贸易仍主要依靠港口和海运，港口的发展水平在国家经济的发展中占据了举足轻重的地位。但港口发展水平差异化显著，既有中大型港口，也有小型港口，且港口之间的运输货种同质化严重，港口发展未形成合力。对几内亚湾沿岸港口进行层级划分，可为几内亚湾港口的分工合作、错位发展提供理论支撑。

3.1.1　港口发展能力评价指标体系构建

考虑影响港口发展能力的四个方面：自然条件、港口条件、腹地条件和国家环境及政策条件。

1）自然条件。港口的自然条件是其发展的先决条件，主要包括地理区位条件、水深、岸线及气候条件。首先，处于交通枢纽或靠近经济发达地区，更利于港口对货源的吸引；其次，与全球航运网络的连通程度较为密切的良港才可适应当今全球一体化的趋势；最后，由于几内亚湾区域国家多为热带雨林气候，其气温、降雨量及风速风向多相近，因而不考虑气候条件。

2）港口条件。除自然条件外，港口条件对其发展也至关重要，包括港口基础设施及设备条件、港口服务管理水平及港口人力资源。首先，港口基础设施是港口运营的基础，良好的基础设施才可提供更优质的装卸服务；其次，港口服务管理水平在提高港口生产效率、优化港口资源配置等方面起着十分重要的作用；最后，要实现港口自动化、信息化，必然需要相应的高科技人才，所以人才资源对港口维持活力非常重要。

3）腹地条件。腹地条件主要包括腹地经济条件和集疏运条件。首先，腹地是港口货物的来源地与集散地，其经济条件直接影响港口的运营；其次，港口的运营必然需要相应的集疏运系统才能进行。完备的集疏运体系有利于货物更快地集散，从而扩大港口的腹地范围。在几内亚湾，相较于公路等级偏低的问题，铁路系统的连通性问题更值得关注。

4）国家环境及政策条件。首先，由于受到殖民历史的影响，非洲各国间的政治制度差异及国家内部的部落冲突问题突出，因而政治的稳定性是在进行几内亚湾港口分层时需要重点考虑的；其次，国家对港口的支持力度（如口岸关税、港口投资等方面实施优惠政策）或政策包容性（对外资，特别是中国资本的开发程度）也十分重要。此外，港口管理、运营部门的办事效率也影响着物流系统的运营效率和效益。

根据以上分析，构建几内亚湾港口发展等级评价指标体系（见附表 2-1 和附表 2-2）。

3.1.2 基于主成分分析和聚类分析的港口层级划分

基于港口发展能力评价指标体系，本研究结合主成分分析法和聚类分析法，将几内亚湾区 26 个主要港口划分为三类（划分结果如表 3-1 所示）。其中第一类港口为几内亚湾港口物流枢纽，承担主要国际运输业务，系未来发展的重点；第二类港口是几内亚湾的重要港口，主要为区域内经济发展服务；第三类港口为小型港口，向第二类港口和第一类港口提供喂给服务。总体而言，几内亚湾港口层级的划分可为几内亚湾港口的分工合作、错位发展提供理论基础，有助于明确几内亚湾港口的层级，构成几内亚湾港口运输网络，最终形成几内亚湾港口群系统，共同提升港口物流发展水平，促进几内亚湾区域经济的发展。

表 3-1 几内亚湾港口层级划分结论

第一类港口	阿比让港、特马港、拉各斯港、圣佩特罗港、塔克拉底港、洛美港、科托努港、克里比港
第二类港口	蒙罗维亚港、杜阿拉港、布坎南港、哈珀港、格林维尔港、佩梅港、卡拉巴尔港、哈克特港、奥纳港、瓦里港、林贝港、巴塔港、马拉博港、让蒂尔港、利伯维尔港、奥文多港
第三类港口	普林西比港、圣多美港

3.2　几内亚湾重点港口的腹地划分

3.2.1　几内亚湾港口群腹地现状

中非、西非内陆国家对几内亚湾沿岸港口存在高度的依赖性，如西非的南北向贸易活动频繁。除拉各斯港外，西非和中非各港口的跨境贸易均占有相当大的比重，均扮演了内陆转运港的重要角色。可以预见未来腹地物流运输需求还将大幅增长，几内亚湾港口群将长期具有广阔的内陆市场。同时，流量流向统计数据显示，几内亚湾主要港口与内陆各地区均存在较为密切的贸易往来，且货运量差异并不十分显著，在一定程度上体现了内陆托运人港口选择的多样性，但更反映出几内亚湾港口群在内陆腹地范围不明确、服务范围严重重叠的特点，对港口未来的发展产生不利影响。

3.2.2　几内亚湾港口腹地划分

(1) 港口腹地划分范围

港口的腹地竞争主要存在于同层次港口之间，因此将第一类港口确定为重点港口的筛选范围，并在同一国家只考虑一个核心港口，最终确定重点港口范围如下：阿比让港(科特迪瓦)、特马港(加纳)、洛美港(多哥)、科托努港(贝宁)、拉各斯港(尼日利亚)、克里比港(喀麦隆)。

腹地地理空间范围包括几内亚湾沿岸地区和西非、中非的部分内陆地区，其中，几内亚湾沿岸地区包括：利比里亚、科特迪瓦、加纳、多哥、贝宁、尼日利亚、喀麦隆、赤道几内亚、加蓬，共计 9 国，岛国圣多美和普林西比不纳入考虑；内陆地区包括：马里、布基纳法索、尼日尔、乍得、中非、刚果民主共和国、刚果共和国 7 国(图 3-1)。

(2) 成本距离计算

采用栅格分析方法，结合几内亚湾地区分等级路网数据(图 3-2)，将研究区域网格化，用栅格累积成本距离代替直线距离。

本部分内容需要研究地区分等级路网(Polyline)、重点港口(Point)和行政区划(Polygon)三类数据。根据日本国际协力机构(JICA)的研究结果，基于现状的腹地划分暂不考虑铁路、水路运输或者多式联运的影响。为保证数据质量，全部采用 Natural Earth 官方网站 Version 4.1.0 版本(2018 年发布)10 米

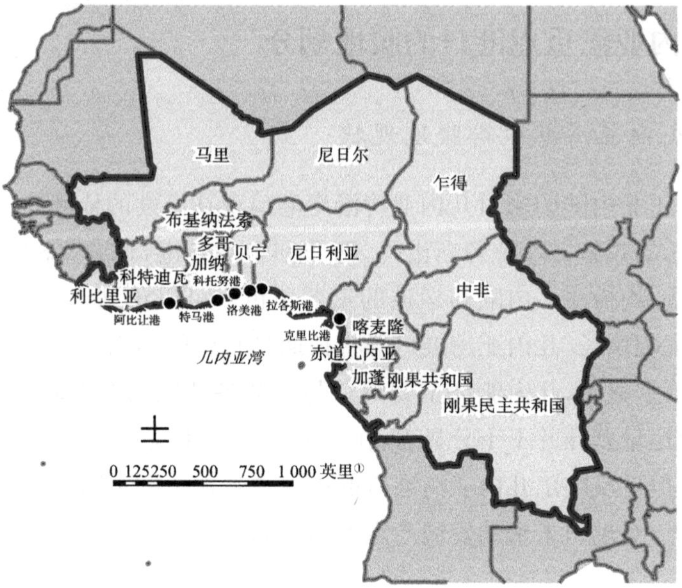

图 3-1　几内亚湾港口群腹地划分研究范围示意图

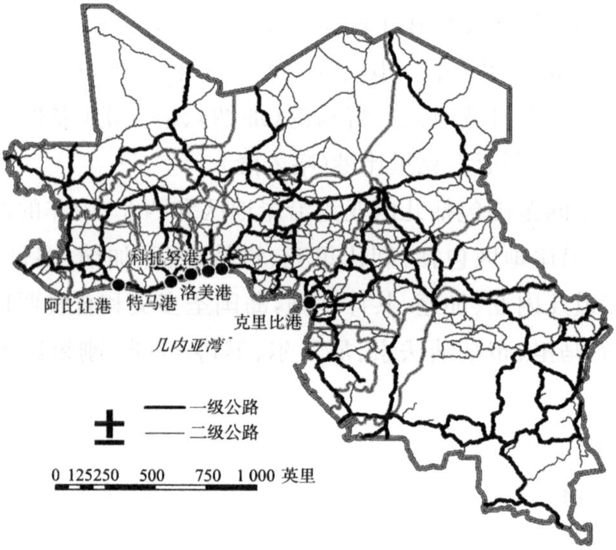

图 3-2　几内亚湾区公路网络

① 1 英里约为 1.609 千米。

分辨率 Shape 格式数据。

将矢量数据导入 ArcGIS 软件，并在 WGS 1984 Web Mercator 坐标系下投影后，将研究地区划分为边长 10 千米的约 11 万个栅格。赋值后得到成本栅格图如图 3-3 所示。

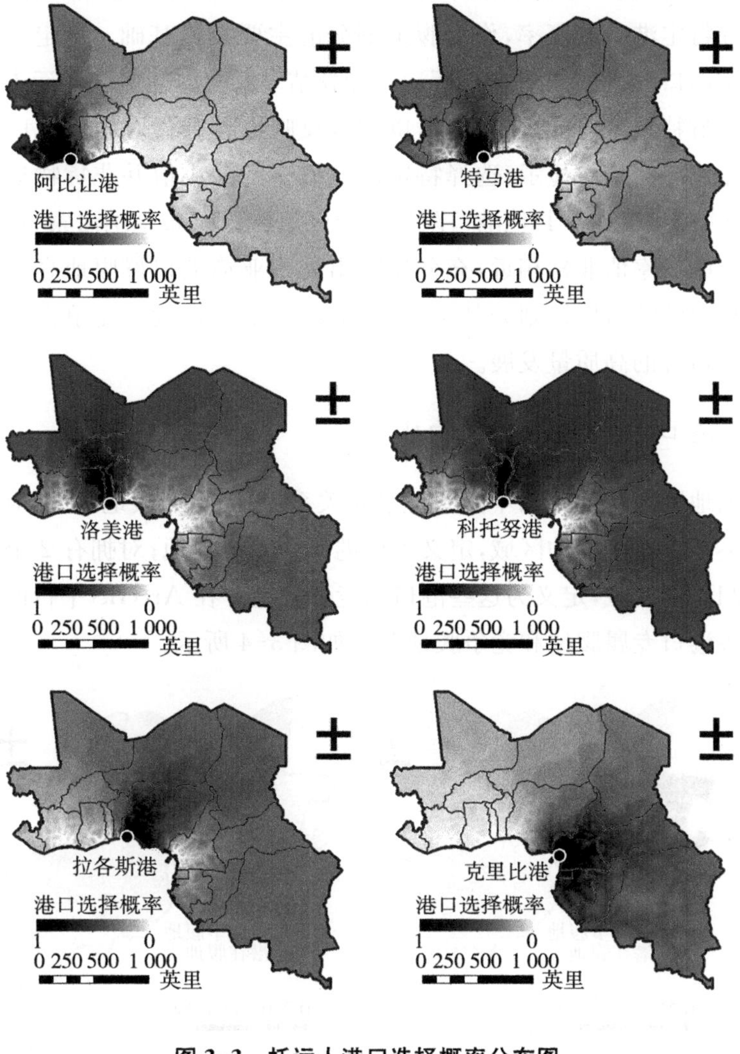

图 3-3　托运人港口选择概率分布图

利用 ArcGIS 内置的 CostDistance 工具，基于成本栅格图分别计算研究区域内各栅格到各研究港口的累积成本距离，得到成本距离栅格。

从计算结果可以看出，低成本区域主要集中在几内亚湾陆向近海一带，而高成本区域主要集中在陆向远端一带。在马里北部、尼日尔东北部、乍得北部以及刚果民主共和国全境均存在不同程度的高成本孤岛现象,也表明上述局部地区腹地交通条件的落后导致内陆货运成本高昂。

(3) 港口选择概率计算

在 Python 窗口中将上述计算所得参数带入 Huff 模型,求得区域内任意栅格选择特定港口的概率,作为腹地划分的主要数据基础。特定地区托运人选择特定港口的概率如图 3-3 所示。计算结果反映内陆地区托运人选择几内亚湾港口群特定港口的概率分布,也间接反映出各港口对内陆地区货源吸引力的分布情况。结果显示,选择特定港口概率的最小值并非货物运输距离最远的地区,而是存在于其他港口附近的地区,且马里、布基纳法索、尼日尔三个内陆国家的概率值非常相近,充分反映出几内亚湾港口群腹地高度竞争的特点。在现有的港口层级划分基础上,内陆地区的腹地货源竞争将严重制约几内亚湾港口群的高质量发展。

3.2.3 港口腹地划分模型构建

根据地区与各港口的不同腹地隶属关系,重新划分腹地区域:对仅被划分为一个港口腹地范围的区域,定义为该港口的专属腹地;对拥有 2 个及以上港口腹地归属的区域,定义为这些港口的竞争腹地。在 ArcGIS 平台的支持下计算得到各港口专属腹地和竞争腹地范围如图 3-4 所示。

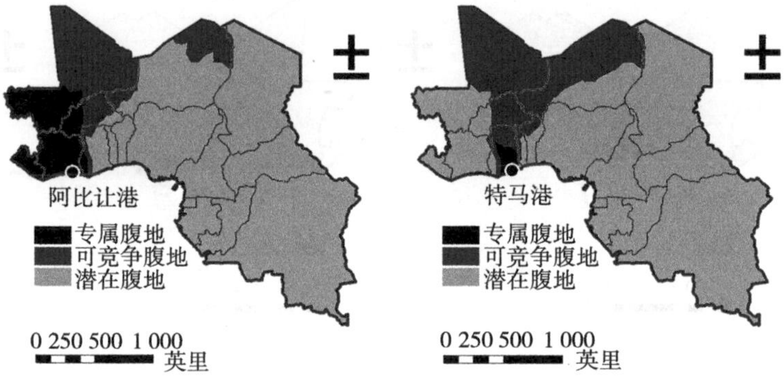

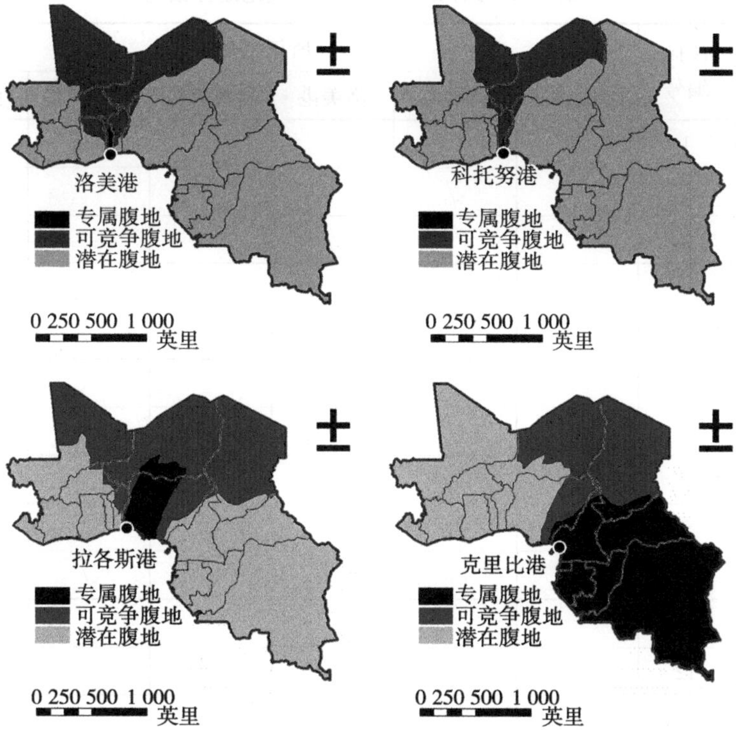

图 3-4　各港口专属腹地和竞争腹地范围

从划分结果可以看出，克里比港所在的中非地区由于没有可与之竞争的同层次港口，其良好的区位优势使其能够俘获较大范围的专属腹地区域；相反，特马、洛美和科托努港地处西非港口群的核心区域，港口间存在高度的竞争，导致其专属腹地范围非常有限，但仍可竞争内陆地区较大范围内的腹地货源。阿比让港和拉各斯港腹地划分结果类似，由于两港均处于西非港口群边缘地带，港口竞争相对较小，加之阿比让港具有综合发展水平较高的优势，以及尼日利亚庞大的人口和 GDP 带来的充足的腹地货源支持，上述两港均俘获了较大的专属腹地范围。

将上述腹地划分结果整合以表达各港口的腹地竞争关系，并按竞争港口数量进行分级，结果如图 3-5 和表 3-2 所示。

表 3-2　几内亚湾港口竞争腹地划分结论

腹地类型	区域编号	所属港口					
		阿比让港	特马港	洛美港	科托努港	拉各斯港	克里比港
专属腹地	1	√					
	2		√				
	3			√			
	4				√		
	5					√	
	6						√
竞争腹地	7	√	√				
	8		√	√			
	9			√	√		
	10				√	√	
	11					√	√
	12	√	√	√			
	13			√	√	√	
	14	√	√	√		√	
	15		√	√	√	√	
	16	√	√	√	√	√	
	17		√	√	√	√	√
	18	√	√	√	√	√	√

图中显示西非港口群腹地竞争激烈，尤其在马里东部和尼日尔北部地区（16—18 号区域）存在 5 个及以上港口竞争，充分体现出西非地区港口群现阶段腹地划分不明确的现状，该现状容易导致腹地货源的恶性竞争，亟需统一规划构建港口群集疏运体系，促进港口间分层和协同发展。而中非地区的拉各斯港和克里比港由于周边港口未能与之形成有效的竞争关系，因此两港腹地划分相对明确，腹地货源竞争并不显著。未来若没有周边港口明显的转型升级，拉各斯港和克里比港分别服务于尼日利亚国内和中非广阔腹地的现状将继续维持。

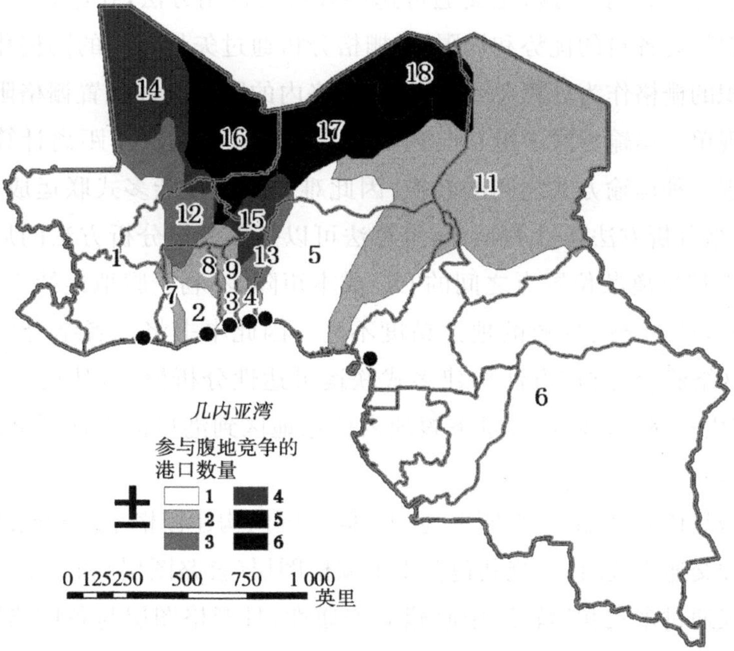

图 3-5　几内亚湾港口竞争腹地划分情况

3.3　多式联运视角下的几内亚湾重点港口腹地模拟

3.3.1　主要模拟内容

本节将在 3.1 至 3.2 节现状腹地划分的基础之上，考虑地区未来多式联运系统的发展，将铁路和内河运输纳入腹地研究范围，构建多式联运腹地模拟模型，分情景探讨多式联运对几内亚湾重点港口的腹地范围影响。

3.3.2　多式联运可达性分析

距离始终是决定港口腹地范围的最主要因素之一，而 3.2 节所述 Huff 模型的基本形式简单采用直线距离测算港口—腹地间的空间分离，忽视了交通条件的不同所造成的实际成本的差异，导致原始模型精度不佳。考虑到该局限性，本书将通过多式联运可达性分析，采用多式联运成本距离重新定义港腹空间分离，从而实现多式联运系统在 Huff 模型中的嵌入。

栅格分析和网络分析是交通可达性分析的常用方法，在港口群的腹地空间研究中具有各自的优势和局限性：栅格分析通过矢量数据的网格化处理，以单位面积的栅格作为计算单元，并根据栅格内的路网条件设置栅格阻抗，从而可以实现单一运输方式下港口与内陆任意连续区域的成本距离计算，但由于不能实现多种运输方式之间的转换，因此难以实现复杂多式联运成本距离的计算；网络分析方法通过 Djkstra 等算法可以打破栅格分析方法的局限性，其计算结果却是离散位置点之间的 OD 成本矩阵，不利于腹地连续空间分析的后续研究，且在路网稀疏的地区精度不高。因此本书将二者结合应用，通过“栅格-网络联合分析”方法构建多式联运可达性分析模型，从而发挥二者优势，精细化实现多式联运背景下腹地内任意地区到港口群内任意港口的成本距离计算。

模型具体原理如下：在同一地理空间范围内构建栅格系统和网络系统，当存在 q 种交通方式时，系统共包含 1 个栅格图层（公路图层）和 q 个网络图层，图层间仅通过多式联运转运中心建立连通性，且栅格图层与各网络图层间为单向连接，各网络图层间为双向连接（图 3-6）。假设任意地区 i 的托运人可以考虑两种方式将货物运输到任意港口 j：①直接通过公路栅格系统中的最小成本路径到达 j；②先通过公路栅格系统中的最小成本路径到达转运中心 k，并在 k 点接入多式联运网络系统，通过最小网络成本路径到达港口 j。两种方式成本最小的路径即被视为托运人将货物运输到特定港口的最小成本路径（图 3-7）。

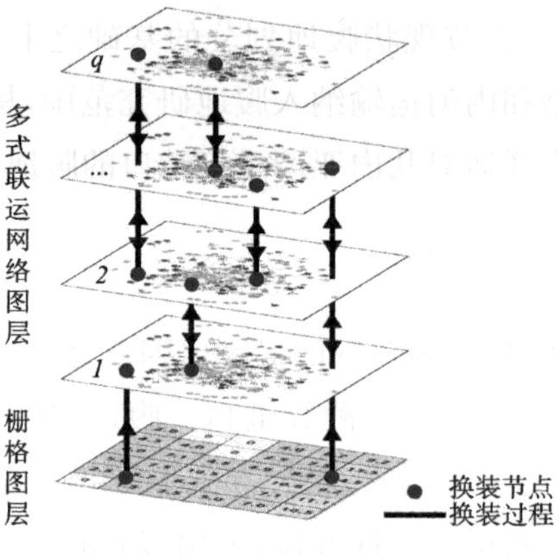

图 3-6 “栅格-网络联合分析”示意图

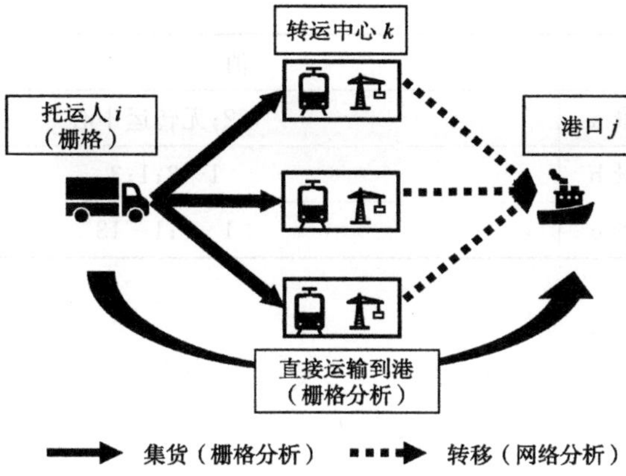

图 3-7　基于“栅格-网络联合分析”的多式联运过程示意图

3.3.3　情景及参数设置

情景分析有关参数和信息如表 3-3 所示，其中公路、铁路和内河地理数据来源与现状腹地分析相同，并考虑地区铁路和内河航运发展规划，分别设置现状（无多式联运，情景 a）、近期（简单多式联运，情景 b）、远期（复杂多式联运，情景 c）三种情景进行模拟分析，通道和转运中心的具体信息见图 3-8。

表 3-3　情景设置

参数	值	
多式联运通道（编号）	公路	一级公路(1)
		二级公路(2)
	铁路	“瓦加杜古-博博迪乌拉索-阿比让”铁路运输通道(3)
		“拉各斯-卡杜纳”铁路运输通道(4)
		“杜阿拉-雅温得-恩冈代雷”铁路运输通道(5)
	内河航运	沃尔特湖航运通道(6)
		尼日尔河航运通道(7)
转运中心	“公-铁”换装	阿比让(1)、博博迪乌拉索(2)、瓦加杜古(3)、拉各斯(4)、卡杜纳(5)、杜阿拉(6)、雅温得(7)、恩冈代雷(8)
	“公-水”换装	塔马利(9)、特马(10)、尼亚美(11)、洛科贾(12)、奥尼查(13)

续表

参数		值
运输通道编号;转运中心编号	情景 a	1,2;无转运中心
	情景 b	1—3;1;3
	情景 c	1—7;1—13

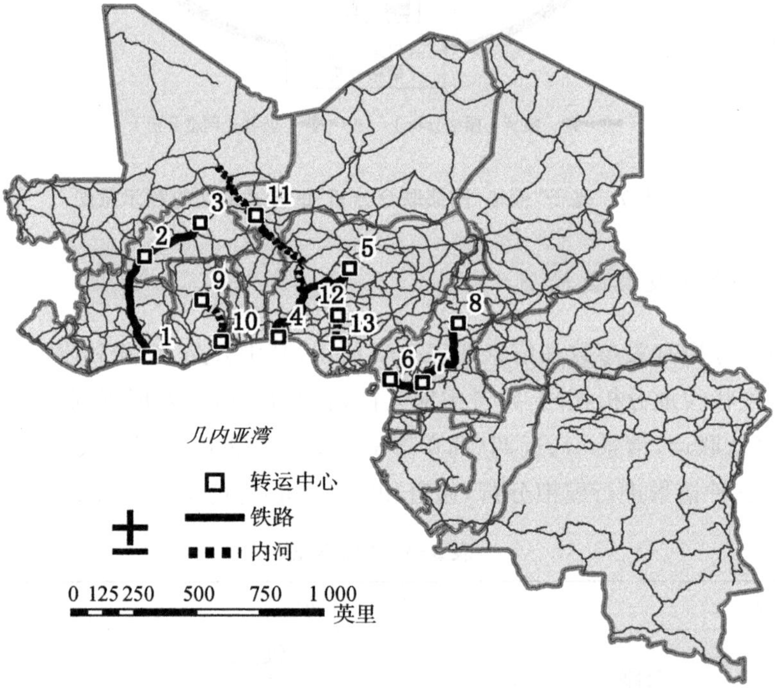

图 3-8 情景分析基本地理信息

3.3.4 模拟结果及分析

情景分析的模拟结果如图 3-9 所示,其中各子图编号中 1～6 为港口编号,a～c 为多式联运情景编号。结果表明铁路和内河航运参与的多式联运系统发展将对几内亚湾重点港口的腹地边界产生较大影响。

将情景 b 和情景 a 的模拟结果进行对比分析后发现,在"瓦加杜古-阿比让"铁路运输通道的单独作用下,各港口腹地空间竞争的变化主要体现在转运中心附近和内陆远端两个区域。在转运中心附近,部分港口的腹地竞争力出

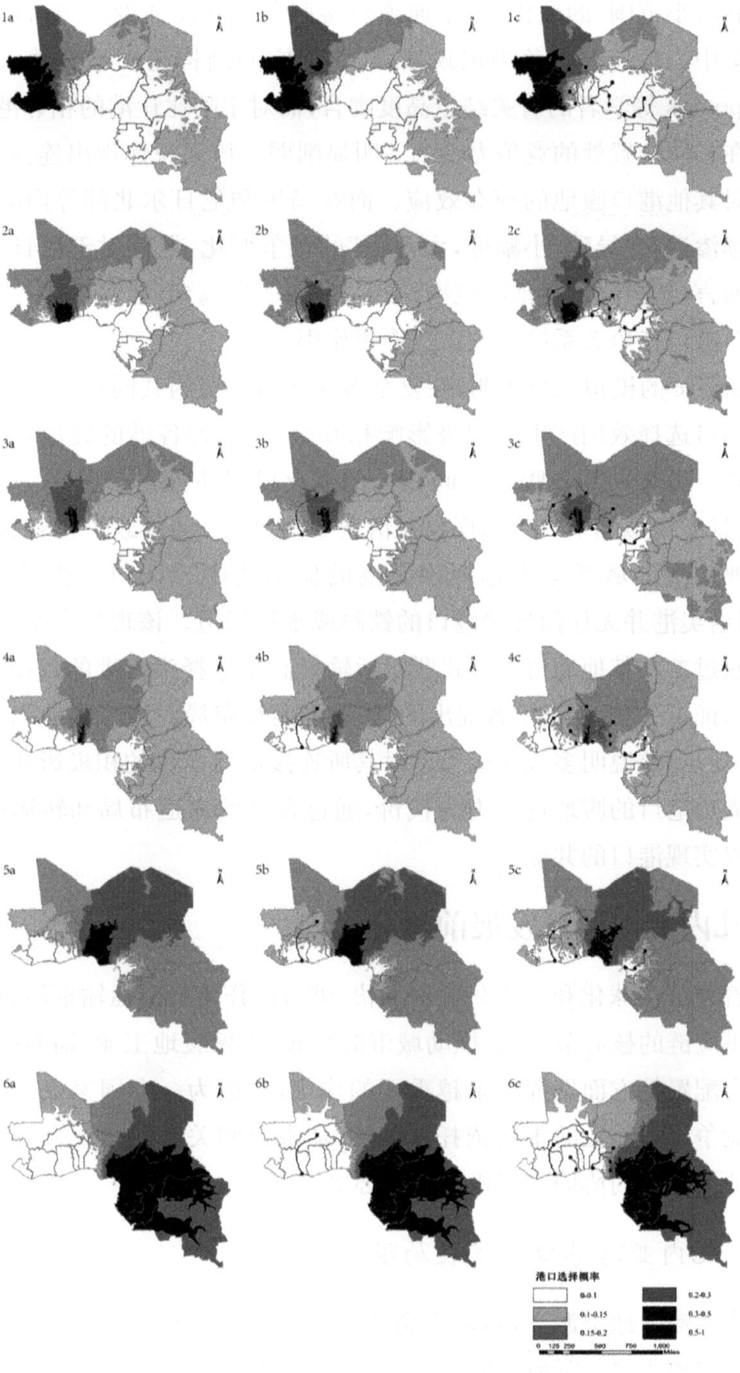

图 3-9　多式联运情景分析模拟结果

现“大幅度，小范围”的变化：由于通道直接服务于阿比让港，导致该港在瓦加杜古转运中心附近的竞争力出现增强，腹地空间结构趋于不连续，该现象与Sdoukopoulos等学者的有关结论高度吻合；而对于阿比让港的相邻港口（特马港），其在相同位置处的竞争力受到了明显削弱。该现象体现出连接港口的铁路通道对其他港口腹地的掠夺效应。而在马里和尼日尔北部等内陆远端，该影响继续渗透，并导致“小幅度，大范围”的竞争变化：尤其对于尼日尔北部的托运人而言，选择阿比让港的概率从(0.1,0.15)提高到(0.15,0.2)，体现出多式联运对港口竞争关系影响的广泛渗透作用。

而情景c的模拟结果表明，在复杂多式联运系统的共同作用下，各通道对托运人港口选择效用产生的积极影响相互叠加，使得各港的腹地竞争力变化更加复杂。虽然大部分腹地空间结构的变化已经不能解释为单一通道的影响，但情景b模拟结果产生的现象在情景c得到进一步体现。比较特别的是，尼日利亚北部区域托运人选择洛美港的概率从(0.1,0.15)提升到(0.15,0.2)，但洛美港并无任何连接港口的铁路或水运通道。该现象表明，该地区的托运人通过参与其他通道的多式联运运输提高了选择洛美港的效用。这一结论有力印证了Tomas等学者提出的“铁路走向和布局对港口腹地归属产生重要影响”观点，并说明多式联运通道对其所连接港口产生的积极影响并不必然以牺牲周边港口的腹地竞争力为代价，通过合理的通道布局和转运中心选址优化可以实现港口的共赢。

3.4 几内亚湾港口发展前景分析

随着经济全球化和一体化进程加快，港口群作为交通运输枢纽、现代物流中心和供应链的核心节点，在推动城市群崛起、集聚腹地工业、辐射区域经济、资源整合配置等方面发挥越来越重要的作用，正成为一个国家或区域保持经济持续竞争主导地位的重要依托。因此，从港口间关系的角度合理正确地研究几内亚湾港口的协同发展机制是有必要的。

3.4.1 几内亚湾港口的发展局限性

几内亚湾土地资源丰富，矿产资源富集，具备区域发展的有利基础条件，且沿岸港口离主要国际航线网络较近，具有极大的发展潜力，但港口基础设施建设较为滞后，港口管理水平差，生产效率较低。几内亚湾港口当前对外的海运贸易主要为能源、原料、农产品出口，大部分港口如圣佩特罗港、特马港、马拉博港等都以出口可可、木材等原料为主。几内亚湾沿岸港口众多，为获取更多的港口运输市场资源和货源，激烈的竞争在所难免。重叠的港口间腹地、运输市场需求相同、功能雷同导致各港口间存在同质低效益竞争的情况，导致几内亚湾相对发展较优的港口无法发挥自己的优势更好地吸引外资，提升港口自身实力；也使相对发展较落后的小型港口因基础设施建设落后无法与大型港口竞争，停滞不前；部分优势不够的港口可能通过降低港口收费水平来获取机会，导致港口间产生恶性竞争，对港口群的发展极为不利。因此，建立几内亚湾港口间的良性竞争关系势在必行。

想要增强港口实力，促进国家及区域经济的稳健发展，加大对几内亚湾港口的投资力度，全面建设港口基础设施，提升港口管理水平迫在眉睫。在“一带一路”倡议的背景下，中国与非洲国家的经贸关系迎来了前所未有的机遇。而几内亚湾作为非洲最大的海湾，拥有最得天独厚的地理优势，港口间内部的不和谐将影响几内亚湾港口经济的发展，也将制约几内亚湾综合竞争力的提高。在几内亚湾区域经济一体化日益加深以及“21 世纪海上丝绸之路”建设的背景下，几内亚湾港口面临着许多共同的新情况和新挑战，相互合作的迫切性日趋增强。但到目前为止，几内亚湾各港间还未形成共赢的港口合作格局。因此，各港要从竞争转为合作，实现各港间的共赢和港口经济的和谐发展。

3.4.2　港口政治特征及工业化对港口的影响

几内亚湾国家在结束长期殖民统治后，政权更迭，政治体制变化，当地部落冲突、宗教矛盾和领土纠纷等问题导致许多国家政局动荡，社会问题复杂。20 世纪 90 年代，几内亚湾各国逐渐确立其政治制度，颁布宪法，致力于恢复社会秩序，追求独立、民主、自由。截至目前，大多数国家总体政局平稳(部分存在政局动荡的隐患)。在外交关系中，除赤道几内亚外，几内亚湾沿岸各国大多将与美国、法国等西方国家的关系放在重要位置，以寻求经济援助和政治支持；绝大多数几内亚湾国家重视与中国、印度等发展中大国建立友好外交关系，以寻求经济合作、互利互惠；与俄罗斯、韩国、日本等国也保持一定的经贸往来；同时，沿岸国家之间日益重视与邻近国建立友好关系，以维护地区和平稳定。几内亚湾核心港口政治特征如表 3-4 所示。

表 3-4　几内亚湾核心港口政治特征表

港口	所在国家	官方语言	政治体制
阿比让港	科特迪瓦	法语	总统共和制
特马港	加纳	英语	总统共和制
拉各斯港	尼日利亚	英语	联邦共和制
圣佩特罗港	科特迪瓦	法语	总统共和制
塔克拉底港	加纳	英语	总统共和制
洛美港	多哥	法语	半总统共和制
科托努港	贝宁	法语	总统共和制
克里比港	喀麦隆	法语、英语	总统共和制

几内亚湾沿岸国家的工业基础较为薄弱，大多为资源或农业国，除一定的矿产加工业和农产品加工业，其他工业发展较为缓慢。科技落后导致加工能力不足，使得初级产品的加工比例及加工程度较低，经济高度依赖低附加值的初级产品出口。

受前几年国际大宗商品价格上涨影响，几内亚湾国家的矿业成为发展较快的行业。首先，该地区多数国家，矿业产值占 GDP 比重有较大幅度提升。2006—2014 年尼日利亚、加纳等国的矿业产值占 GDP 比重分别上升了 3.7%、3.5%。其次，相关国家矿业年均增长率较高。2006—2014 年，利比里亚矿业年均增长率 52.5%，为各行业之首；尼日尔矿业年均增长率 6.3%；加纳矿业年均增长率 29.6%，为各行业之首。几内亚湾国家以资源出口为主，尽管这些矿产品出口量巨大，但由于本地缺乏工业化的能力与设施，对本地区经济的贡献却非常有限。

相比于其他行业，几内亚湾地区制造业发展水平较低，近年来几内亚湾区国家制造业发展呈以下特征：其一，近年来虽然各国制造业产值有所增加，但所占比重较前些年有大幅下降。尼日利亚、加纳以及科特迪瓦制造业产值占 GDP 的比重分别下降 1.4%、3.7%、3.5%。其二，相比于其他行业，多数国家制造业增长率较低，其中大部分国家的制造业年均增长率低于 3%，科特迪瓦年均增长率仅为 0.5%。其三，个别国家制造业呈现出较为强劲的增长势头。如利比里亚制造业年均增长率为 16.2%，尼日利亚制造业年均增长率为 8.7%。

总体而言，几内亚湾沿岸国家产业结构较为单一，与周边国家存在同质化情况，受国际市场波动影响严重，基础薄弱。几内亚湾核心港口在区域一体化与工业化进程中，有着较大的发展潜力和机会。同时几内亚湾区域经济的发展也离不开核心港口的引领与推动。

3.4.3　基于竞合博弈的几内亚湾港口关系探讨

竞合来自于合作竞争理论，合作竞争理论源于对竞争对抗性缺点的认识和对复杂的经营环境的适应，其核心逻辑是共赢。合作竞争理论研究的是企业之间既合作又竞争的复杂关系，即在竞争中求合作，在合作中有竞争。港口经济竞合的实质是实现港口优势互补，增强各港竞争实力，逐步推进区域经济一体化进程。这符合几内亚湾港口目前所追求的目标。几内亚湾港口群的关系应由“竞争”走向“竞合”，由“零和博弈”走向“非零和博弈”。只有建立在竞争基础上，兼顾各港的利益，合作才能深入和持久。几内亚湾港口间的竞合有利于改变目前各港口间腹地高度重叠、运输市场需求相同及功能雷同的局面，消除各港间同质低效益竞争，避免同质重复投资，消除恶性价格竞争，减少社会资源的浪费以及港口工程建设中对生态环境的破坏，优化整体的资源配置，实现各港的差异化发展和优势互补，增强各港口的良性滚动发展能力。

合作博弈和非合作博弈是博弈论中的两大策略选择，两者的区别在于参与者在行动选择时能否达成约束性的协议。如果有，就是合作博弈；反之则是非合作博弈。港口合作博弈强调的是港口团体理性、效率、公平和公正，重点是对港口群体的策略选择；港口非合作博弈强调的是港口个体理性、个体最优决策，其结果可能是有效率的，也有可能是无效率的，重点是对港口个体的策略选择。目前在几内亚湾港口的竞争中体现的非合作博弈是博弈策略的一般状态，而合作博弈是博弈论希望达到的理想策略目标。合作博弈意味着“个体理性”的选择依赖于几内亚湾各港口共同的“团体理性”选择，这种“团体理性”的选择是在具体博弈测量中对现行“个体理性”选择策略的调整。而这类规则的调整和新的合作博弈规则在几内亚湾港口中的推行必须建立在一定的合作共识上，必须在各港处理区域博弈决策的具体实践中，即在动态博弈机制的具体实施中实现。利益机制在港口竞争中的作用非常重要，各港都有自己的利益追求。谋求本国本港的利益增长是港口发展的根本诉求，避免恶性竞争带来的发展停滞甚至倒退，既离不开几内亚湾各港的合理竞争，更需要港口间的合作与协调发展。但由于与利益的关联度不同，不同港口的竞争与合作程度不完全一样。对几内亚湾港口间的协调发展研究刻不容缓。

3.5 几内亚湾港口协同发展分析

几内亚湾港口当前对外的海运贸易主要为能源、原料、农产品出口，且港口基础设施建设较为滞后，港口管理水平差，生产效率较低。重叠的港口间腹地、运输市场需求相同及功能雷同的局面导致各港口间存在同质低效益竞争的情况，而几内亚湾作为非洲最大的海湾，港口区域内部的不和谐将影响几内亚湾港口经济的发展，也将制约几内亚湾综合竞争力的提高。在西非区域经济一体化日益加深以及“21 世纪海上丝绸之路”建设的背景下，几内亚湾港口面临着许多共同的新情况和新挑战，相互合作的迫切性日趋增强。

3.5.1 港口的定位重塑

由几内亚湾 26 个港口的聚类分析结果可看出，几内亚湾港口群可分为三类。第一类港口为阿比让港、特马港、拉各斯港、圣佩特罗港、塔克拉底港、洛美港、科托努港、克里比港，是几内亚湾物流枢纽核心港口。其中，阿比让港主要得益于科特迪瓦长久的平稳政治环境和较为良好的港口基础设施条件；特马港在港口管理水平、海关效率及政治稳定性等方面均较优；尼日利亚庞大的人口带来的市场使得拉各斯港在市场规模方面有很好的优势，同时在资源丰富程度和政府支持力度方面也具有优势。第一类港口可以成为引领几内亚湾港口群合作协调发展、吸引外资的优选对象，但仍面临不完善的集疏运体系和货源的激烈竞争等问题。第二类港口为蒙罗维亚港、杜阿拉港、布坎南港、哈珀港、格林维尔港、佩梅港、卡拉巴尔港、哈克特港、奥纳港、瓦里港、林贝港、巴塔港、马拉博港、让蒂尔港、利伯维尔港、奥文多港。相对第一类港口，第二类港口在资源丰富程度、港口基础设施条件、信息化水平上还稍显逊色。第三类港口为以普林西比港、圣多美港为代表的小型港口。第二、第三类港口相对于第一类港口仍存在港口基础设施能力和服务水平等方面的劣势，如何利用已有的优势条件努力提高港口的整体水平以适应日益激烈的航运市场是当前面临的迫切问题。

实现几内亚湾区域协调发展，须形成以一类港为核心，与二、三类港协调发展港口群。这需要自然资源和人力资源相对丰富，有较大的市场吸引力，能形成具有较高知名度、服务效率领先的枢纽型港口。还需要重视改善港口集疏运条件，提高港口管理水平，优化布局，协调发展，最终形成"域内成网、四通八达"的港口网络，增强航线网络辐射能力。几内亚湾各港口应通过密切合作，统筹规划，相互配合，推进区域经济一体化，建设层次清晰、分工合理、优势互补的港口群。作为国家和地区工业化进程的重要基础，几内亚湾港口群将促进生产力要素的集聚，促进产业集群的形成，使沿海地区城市人口与经济规模快速增长，推动沿海地区的工业化和城市化，促进非洲产业升级，成为推动区域经济集聚发展的重要引擎。

几内亚湾区的港口尚未形成一个结构性、联通性的网络，仍存在很大的提升空间。港口间布局分工不明确，高度的腹地、进出口产品重叠导致了港口间的恶性竞争，大型港口不能实现良好发展，小型港口也因竞争力不够，地位与其他港口差异明显。构建以枢纽港为核心的沿海港口体系，形成布局完善的集装箱港口运输格局，持续提升几内亚湾沿海港口的设施水平和服务能力，是促进几内亚湾地区国际生产要素集聚，发展外向型经济，加速推进区域经济一体化的关键。

合理整合各港口的资源，走集群式发展的道路，需要对区域内各港口进行正确的功能定位，变竞争为聚合，促使港口群协同发展。综合考虑几内亚湾港口群的现状、资源情况、地理位置，几内亚湾核心港口的定位如表3-5所示。

表3-5　几内亚湾核心港口定位表

港口	定位	发展策略
阿比让	核心港口	以发展集装箱和能源、原材料等大宗物资运输为主，大力发展集装箱干线运输；充分依靠阿比让港扩张项目提高集装箱装卸能力和港口基础设施水平，发展成为现代化、高效化的集装箱港口
特马	核心港口	依托加纳近海石油开发优势，大力发展石油与钢铁等大宗散装货运输，建设港口现代化装卸设备，疏浚港口以增加港口深度
拉各斯	核心港口	建设成为以大型散货运输和集装箱运输为特色的核心枢纽港；充分发挥几内亚湾最大港口中转运输的重心和辐射作用；扩大投资，进一步提升港口功能和规模，带动几内亚湾港口群区域经济健康快速发展

续表

港口	定位	发展策略
圣佩特罗	核心港口	抓住世界第一大可可出口港的优势，大力发展干散货出口和农产品加工工业
塔克拉底	核心港口	依托加纳近海石油开发优势，大力发展石油运输服务，兼顾集装箱运输的发展
洛美	核心港口	大力发展集装箱干线运输，建设成为几内亚湾区代表性的集装箱港口，拓展外贸集装箱支线运输功能
科托努	核心港口	利用科托努港当前中转优势，大力发展中转业务
克里比	核心港口	利用码头水深和运营商优势，大力发展综合运输和港口服务业

3.5.2 港口的功能布局优化

近十年来，几内亚湾经济总体上呈现较好发展趋势，但内部分化也很明显。尼日利亚 2016 年 GDP 增率为负值，2017 年的 GDP 增率仅 1%左右。其他国家经济或多或少受到了外界因素影响，近年来也呈现出缓慢的增长，但其宏观经济条件的稳定性较差。加纳、尼日利亚及几内亚等国的通货膨胀率较高，而贝宁、尼日尔的通货膨胀率则为负值。几内亚湾区域内国家工业基础较为薄弱，大多为资源或农业国，除一定的矿产加工业和农产品加工业，其他工业发展较为缓慢。如尼日利亚的油气业，虽有着与之配套的上下游产业，但其下游产业水平明显低下，产能亟待开发。经济高度依赖低附加值的初级产品出口，科技的落后导致了加工能力不足，使得初级产品的加工比例及加工程度较低。而矿产资源较为贫乏的国家，其工业产值多集中在农产品加工领域，由于工业基础过于薄弱和外部竞争压力，导致几内亚湾地区成为世界上粮食单产水平较低的地区，国家之间的经济发展存在一定的冲突性和不平衡性。

几内亚湾区域共有 54 个港口，但受社会环境和国家经济等多方面因素的制约，港口发展水平参差不齐，港口之间竞争激烈。除阿比让港、特马港、拉各斯港等少数港口，大多港口基础设施落后且均未达到第三代港口的基本要求。从整体来看，非洲港口发展依赖港口贸易，但港口体系不健全，几内亚湾港口目前以大量小规模港口为主，在世界海运中占比小。同时存在港口功能单一、布局不合理、集聚效应不强和港口集疏运条件较差、管理水平低、效率落后的问题。几内亚湾仍未发展出明显的港口集群，港口布局不合理、港口层面不明确、相关航运产业落后等问题仍未解决。国家港口之间应形成合理的协调定位，加强区域内国家经济互补性，提高区域内部贸易水平和一体化进程，形成相互促进的发展局面。同时平衡对外贸易进出口商品结构，削弱出口商品种类单一、商品附加值较低的问题，避免出现因港口定位混乱而产生的国家利益冲突、经济发展形势单一的局面。

应在顶层设计框架下，进一步完善码头、堆场、仓库、环保设施及支持保障系统等；优化完善港口集疏运体系，积极发展高效衔接的多式联运，增强港口覆盖和服务腹地经济发展的综合效能；加快港口数字化转型，推进现代数字信息技术的深度融合应用，完善港口信息化管理与运作体系；充分利用现代数字信息技术、自动化技术、智能化机械设备等，推进港口运营自动化、智能化，全面提升港口运营效率与服务柔性水平。

应加强政策引导，建立健全相应的政策体系与监督体系；加快研究出台智慧港口评价指标体系和建设实施指南，引领港口行业向更高层次发展；加强海关、检验检疫、海事等政府部门之间的协作，促进港口贸易便利化；充分发挥港口企业的创新主体作用和行业协会等组织的桥梁纽带作用，推进联合技术攻关与创新应用。

应结合港口自身资源禀赋和竞争环境，紧密跟踪全球港口发展态势，围绕新一代港口安全、高效、可靠、绿色和可持续发展的目标追求，选择符合实际的发展策略；从战略、技术、应用、实施、保障等多方面做好顶层设计，整体谋划智慧港口发展格局，明确智慧港口建设愿景目标、总体思路、主要任务、技术路径与重点突破方向，并制定详细、具体的实施方案和行动计划；强化战略规划引领，统筹有序、量力而行地推进智慧港口建设。

3.5.3 港口间的协调沟通方式

（1）增强港口的联通性

推进基础设施互联互通，强化港口之间的交通联系。重视交通等基础设施建设，构建高效便捷的现代综合交通运输体系。重视网络化体系建设，各个国家核心城市之间、核心城市与周边城市之间的客运网络体系以轨道交通为主、高速公路为辅，交通等基础设施建设网络化可以促进区域和周边城市之间的人口流动与都市产业布局调整。

进一步提升市场一体化水平。促进要素便捷流动，提高通关便利化水平，促进人员、货物往来便利化，打造具有全球竞争力的营商环境；统筹利用全球科技创新资源，完善创新合作体制机制，优化跨区域合作创新发展模式；构建协同发展现代产业体系，充分发挥几内亚大湾区不同国家产业优势，推进产业协同发展，完善产业发展格局，加快向全球价值链高端迈进。建设几内亚大湾区，应成立国家层面的几内亚湾大湾区协同发展委员会，并在探索加快推进港口城市基础设施的协调和完善、加紧制定专项合作规划项目及其统筹协调、引领产业格局、推进广大湾区民众参与建设等方面做出努力。

推行几内亚湾区知识产权激励机制。积极发挥湾区载体平台的基础功能，加快湾区创新要素流动、降低战略产业生产边际成本、提高科技成果转化率、辐射周边地区的协同发展，以此实现湾区战略产业的核心技术在短时间内产生溢出效应的目标。

设立几内亚湾港口管理委员会，代表国家发挥统一的指挥、协调、管理职能，加强港口群跨区域协调管理，加强港口管理机构和地方政府之间的联系和协调，克服港口权限下放和“一城一港”管理弊病。高点站位、统筹布局，加快推动港口一体化，加快几内亚湾沿岸岸线联动开发，强化几内亚湾区域港航协同发展机制，鼓励以港航龙头企业为主体开展区域合作。借鉴联合成立的纽约新泽西港务局的成功经验。

（2）加强国际合作，推动中非共同体

科特迪瓦、贝宁、多哥、加纳都处在象牙海岸，经济与其他国家相比较为发达，港口物流便捷，在产能合作竞争力上具有一定优势，可以加大引入外资力度，进行产能合作，调整产业结构，加强对几内亚湾区域建设的引领作用。

“非洲发展新伙伴计划”是非洲国家为应对自身在全球化进程中不断被边缘化的现实而启动的综合发展计划，被定位为新世纪非洲的综合发展蓝图。与以往非洲的各种发展计划相比，“非洲发展新伙伴计划”在非洲发展的理念、内外关系、议题领域、机制设计等方面都体现出了新的特点。经过十余年的实践，地区内和国际上对“非洲发展新伙伴计划”给予了广泛回应。而来自外部的影响一直以来是非洲发展进程中的重要方面，借助“非洲发展新伙伴计划”这一机制化平台，外部国家对非洲发展和治理的参与不断增多且更加规范。以美国、法国、德国、英国、日本、意大利、加拿大和俄罗斯为成员国的主要工业化国家对非关系的机制化不断增强，在经济、难民、粮食、债务等方面与非洲有较大程度的援助和合作。几内亚湾港口群应当抓住"一带一路"倡议和"非洲发展新伙伴计划"等发展机遇，发挥其自身优势，制定适合其自身的未来发展战略，加大吸引外资力度，汲取先进港口发展经验。

(3) 关注海上运输环境

由于受到殖民历史及独立后城市化发展的影响，几内亚湾区域内呈现国家碎片化、各国内部城乡发展差距大的现状；同时域内各国仍存在宗教、种族差异和反政府武装势力，局部动荡依然对地区经济发展产生严重制约。几内亚湾是非洲最大的海湾，沿岸十多个国家石油资源丰富，在石油贸易活跃、尼日尔河三角洲地区安全环境逐渐恶化以及沿岸国家经济落后的大背景下，海盗活动日益猖獗，对沿岸国家居民和侨民的人身安全构成了直接威胁，对几内亚湾沿岸国家和国际社会的利益造成了严重损害。世界各大船运公司为了减少被海盗袭击的风险，不得不采取各种手段应对，以至运费成本大增。因此，打击近几内亚湾海盗问题迫在眉睫，为此航运公司、不同国家以及国际组织建立了联合反海盗机制。有关国家和国际组织努力突破相关法律与政策的制约，在反海盗问题上取得了一系列进展。目前，国际社会治理海盗问题的法律框架主要参照《联合国海洋法公约》(*United Nations Convention on the Law of the Sea*)。美国主要通过非洲司令部的"非洲伙伴倡议"帮助相关国家进行海军建设；欧洲发展基金则向相关国家的安全政策改革、港口能力提升、应急反应建设等项目提供资金支持。欧盟还提出了"海上关键航道项目"；2012 年 2 月，尼日利亚海军还组织了由欧、美、非三方 12 国海军参加的旨在加强几内亚湾国家海军反应能力的军事演习。此外，中国也通过协助人员培训、提供海上救援等方式，帮助几内亚湾国家提升反海盗能力；中国也与尼日利亚建立了较为频繁的军事安全联系，在《中国对非洲政策文件》中也提到，要积极支持非洲国家维护几内亚湾海运安全，履行大国责任。

综上所述，建立在基础设施建设上的"互联互通"是重要的先导和动力，也是几内亚湾目前亟待解决的关键问题。几内亚湾国家有必要加强合作沟通，实现优势互补、资源互惠，共同解决海盗问题，为国家经贸运输营造一个安全良好的海上环境。

3.5.4 几内亚湾港口协调发展措施

(1) 构建几内亚大湾区

几内亚湾拥海抱湾的地理结构，形成了独特的湾区经济空间地理基础，提供了构筑了开放型经济的平台。利用几内亚湾避风、岸线长、腹地广的特点，可以直接连通海洋并形成陆海联动的重要"分岔口"和入海口，形成了更加广阔通向世界的海上高速公路。在环湾区空间里适当地布局更多的港口，可以使城市之间的物流运输成本更低。随着经济全球化和国际贸易的日益扩大，几内亚湾区的集聚度将更加明显。在湾区经济发展过程中将形成港口群、产业群和城市群。港口群的建成会使得国际贸易扩大、商品进出口数量增加，这将产生大量的进出口导向型企业。这些企业利用港口从国外大量进口低价原料进行生产并出口到世界各地，也可以通过便利的交通从国内其他地方购买原料在港口区域进行生产，然后销往世界各地，随着湾区内的生产企业数量的增加，将会形成产业集聚。一旦产业集聚到一定程度，就会带来大量移民人口并促使城市生成和发展，出现从城市到城市群再到都市圈最后形成都市圈集群的城市化演变路径。

(2) 健全和完善集疏运系统

港口集疏运体系是决定港口生产效能和发展前景的核心环节，20 世纪 50 年代以来，集装箱运输由于其特有的优势得到了长远的发展。作为一种新型的运输方式，集装箱运输不仅实现了运输的高效化、信息化、门对门，而且改变了传统的货源组织方式和运输体系。正是由于集装箱运输的诸多优点，使它成为近几十年来发展最快也最重要的运输方式。

近十年来，几内亚湾经济总体上呈现较好的发展趋势。经济的发展促进了区域间商品的频繁交换，多品种、少批量、多批次货物运输需求出现，给集装箱运输提供了广阔空间和充足货源。几内亚湾国家的工业基础较为薄弱，大多为资源或农业国，除一定的矿产加工业和农产品加工业，其他工业发展较为缓慢，经济高度依赖低附加值的初级产品出口。轻工业(加工初级产品和生产消费品)和农业的发展使货物流通向集装箱化的方向发展。而第三产业尤其是基础设施的较快发展为结构调整带来的货源提供了支持和保障。未来规模化、集约化的工业产业结构将大力促进集装箱运输的发展。几内亚湾流入外资的增加，不仅继续拉动了外贸增长，而且对改善外贸货物结构也发挥重要作用。在外国资本的推动下，几内亚湾各产业发展速度提升，在开放的环境下参与国际经济合作也将使几内亚湾各国外贸规模进一步扩大，引起外贸运输的快速发展。同时，运输需求的增加将带来适箱货比例、集装箱化率等的提高。从非洲西海岸来看，几内亚湾沿岸的集装箱港口表现较好，根据2013—2017年集装箱港口吞吐量可知，几内亚湾区域有9个港口的吞吐量大于10万TEU，以拉各斯港、洛美港、特马港和阿比让港最为领先，其他港口仍有较大的潜力。

几内亚湾经济发展落后，导致几内亚湾并未形成国际标定的物流环境，也没有完整的物流链、产业链。但基础设施的逐渐完善和货运需求的逐渐增加对物流也提出了要求，以港兴流、以流促港是其发展目标，更加无缝、快捷、高效、完善的物流服务是集装箱发展的催化剂。经济全球化要求金融全球化、资本全球化，要想融入大环境，割分大蛋糕，必须促进刺激经济增长的货运和进出口方式全球化。集装箱运输在各种海运方式中最具活力，经济全球化将推动集装箱海运持续繁荣，全球集装箱化已是大趋势、大变革、大机遇，几内亚湾参与经济全球化，集装箱化是必经之路。而几内亚湾港口分属不同国家，无法做到统一规划与管理，各港口独自发展，无法形成整体。若在自然发展和外部统一管理的双重管控下，形成几内亚湾大港引领小港、大小港共同发展，形成集体捆绑力量，几内亚湾港口吞吐量将有大幅提高，可借鉴上海港集疏运系统、宁波一舟山港集疏运系统、鹿特丹港政策调控式集疏运系统、长滩港点线式疏港系统、安特卫普港海铁联运式集疏运系统、哥德堡港内陆港式集疏运系统等先进经验。

(3) 加快建设无水港

无水港作为港口功能向内陆的延伸，是运输系统和国际供应链的关键节点，起到连接区域经济和全球供应链的作用。依托几内亚湾港口群、典型港口、集装箱集疏运通道和“一带一路”倡议，针对几内亚湾典型港口腹地，确定内陆无水港的选址、规模、功能等方面，为互联互通奠定路径基础。

几内亚湾港口腹地无水港建设处于起步阶段，对无水港的功能与布局发展缺乏科学的认识，初期的规划与建设也缺乏科学的指导依据，建设时存在一定的盲目性。目前，几内亚湾国家对无水港的认识尚不完善，尤其是对当下的时代意义认识不足。无水港的概念是从欧美发达国家引进的，但湾区各国无水港的发展与欧美国家发展面临的时代机遇完全不同。几内亚湾港口腹地无水港的建设尚处于开始阶段，无水港的规模和体量不大，并且随着几内亚湾区域宏观环境的变化，无水港的意义和定位也随之发生改变，亟需提升现阶段社会发展背景下对几内亚湾无水港时代发展意义的认识。且各国或各沿海港口自行进行建设发展，缺乏整体上的宏观指引和发展规划，从国家到地方政府缺乏无水港建设的总体发展规划或发展指导纲要，无法为无水港的发展提供科学依据。同时，几内亚湾地区无水港的目前规划存在建设规模数量与质量的不平衡现象。在经济基础条件欠发达地区，大量建设发展无水港，会导致部分无水港与区域内的物流园区、货运枢纽无法形成良好的衔接，无法对周边物流要素起到应有的集聚效用，从而造成资源的浪费。铁路线网不发达，缺乏有效运输设施，功能设置过于简单；投资方式单一，运营低效，协调管理不细致也是几内亚湾无水港建设亟待解决的问题。

参考发展中国家无水港建设的现状及经验，无水港的使用者主要是全球供应链管理方面经验较少的货物托运人，并且货物托运的数量规模较小。当地无水港的建设运营有利于托运人获得更高的控制性和灵活性，从而减少不确定性，同时降低交易成本。发展中国家大多数无水港的发展以土地为驱动因素，通过建立无水港，为基于出口的工业区提供服务。但发展中国家内陆地区通常缺乏高容量、可靠和灵活的火车或内河水运运输工具与海港进行高度一体化的多式联运。与发达国家“以供应链为导向”的无水港建设情况不同，发展中国家的无水港节点可能更“以集群为导向”。这些国家的陆港位于供应链的末端，靠近原料生产基地，以降低当地货物托运人运输损耗；或位于生产基地和港口的中间地带，以便于货物联合运输。生产基地数量众多且分散，分布在国内各个地区。在各个生产基地建立的小型 ICD（内地验关站），使多式联运服务的货物运输过程更加复杂，且高度依赖从基地到海港的中程或长途公路与水路运输。同时，发展中国家的无水港建设与运营过程中面临缺乏经验丰富的人力资源和先进内陆运输信息系统的风险更大。

几内亚湾无水港的建设正处于发展初期，缺乏宏观规划，发展无序。针对这一问题，建议加强政府对无水港的统一规划，从国家层面进行整体布局，同时出台相关规划意见，明确无水港发展的方向、定位和功能，避免沿海港口与内陆地区盲目竞争建设无水港，导致建设资源浪费。同时，中方技术单位在有关无水港建设、投资、运营、管理等方面给予一定的技术支持，科学引导无水港建设正确发展，使无水港成为几内亚湾港口腹地各国物流体系和港城联动发展的重要节点。铁路运输和铁水多式联运是国际上众多无水港维持良性发展的必要基础条件，但目前建设与运营的四个无水港基本不具备这一条件。因此，有必要进一步优化几内亚湾港口腹地各国无水港的基础设施，加快无水港铁路专用线基础设施的建设。不具备铁路引入条件的无水港，应通过整合现有交通运输、物流等基础设施，提高基础设施的服务功能。若该无水港所在的区域具备一定的基础条件，可设置加工、包装、保税、信息交易等增值服务功能，为无水港的进一步发展提供有力支持。

第4章

集疏运体系构建
几内亚湾典型港口

本章在几内亚湾腹地划分和协同发展分析的基础上，进一步明确各港口的定位，通过对几内亚湾典型港口腹地的集装箱货运量演化特征的分析，明确典型港口货运需求；在此基础上对典型港口及腹地范围的集疏运通道进行建模分析，并对局部物流通道规划方案进行选择和评价。

4.1　港口腹地集装箱货运量发展预测

4.1.1　经济与航运的关系

航运市场又称海运市场，狭义的航运市场是指为海上运输提供船舶的船舶所有人与需要船舶运输的货方，或需要船舶从事营运的承租人进行船舶运输交易的市场，也即船舶与货物供求交易市场。广义的航运市场不仅包括上述市场，还包括与上述市场相互影响、相互作用、相互依存的船员劳务市场、航运信息市场、航运金融市场、船舶买卖市场、造船市场、拆船市场、修船市场等。航运市场是一个贸易派生市场，而贸易发展水平取决于经济需求，因此航运周期与经济周期紧密相关。经济周期也称商业周期、商业循环、景气循环，是经济运行中周期性出现的经济扩张与经济紧缩交替更迭、循环往复的一种现象，是国民总产出、总收入和总就业的波动。经济周期发生在实际 GDP 相对于潜在 GDP 上升（扩张）或下降（收缩或衰退）的时候，每一个经济周期都可以分为上升和下降两个阶段。

航运市场的波动是由需求和供给两方面相互作用形成的，作为一种派生性需要，由各国经济发展而派生，并为国际贸易服务。航运业有明显的周期性特征，与世界经济发展、国际政治局势有着非常强的正相关性。世界经济对海运贸易量的影响有放大作用，即世界海运贸易量的增幅要大于世界经济增速的变化。从一定意义上说，经济发展状况决定了航运周期的长短。

4.1.2　经济与集装箱货运需求的关系

20 世纪 50 年代以来，集装箱运输由于其特有的优势得到了长远的发展。作为一种新型的运输方式，集装箱运输不仅实现了运输的高效化、信息化、门对门，而且改变了传统的货源组织方式和运输体系。集装箱运输的诸多优点，使其成为近几十年来发展最快的运输方式。世界集装箱海运量从 1975 年的 1714 万 TEU 发展到 2018 年的 2.01 亿 TEU，以每年超过三位数的速度在增长，而同期世界海运三大货流中的散货的年增长率仅为3.4%，液体货流呈负增长。集装箱运输已成为国际贸易中最重要的运输方式，其发展水平主要受内外多方面因素影响。

（1）经济发展的先决因素

近十年来，几内亚湾沿岸经济总体上呈现较好发展趋势。根据非洲发展银行数据统计，2010到2014年，几内亚湾区域GDP的年增长率保持在6.7%～7.4%，2018年沿岸十个国家的贸易进出口达到2 148亿美元。经济的发展促进了区域间商品的频繁交换，多品种、少批量、多批次货物运输需求出现，给集装箱运输提供了广阔空间和充足货源。

（2）产业结构的促进因素

几内亚湾沿岸国家的工业基础普遍较为薄弱，大多为资源或农业国，除一定的矿产加工业和农产品加工业，其他工业发展较为缓慢，经济高度依赖低附加值的初级产品出口。轻工业（加工初级产品和生产消费品）和农业的发展使货物流通向集装箱化的方向发展。而第三产业尤其是交通基础设施的较快发展为结构调整提供了支持和保障。未来规模化、集约化的工业产业结构将大力促进集装箱运输的发展。

（3）外贸发展的主导因素

几内亚湾沿岸国家流入外资的增加，不仅持续拉动外贸增长，而且对改善外贸货物结构也发挥着重要作用。在外国直接投资的推动下，各产业发展速度提升，在开放的环境下参与国际经济合作也使外贸规模进一步扩大，带来外贸运输的快速发展。同时，运输需求的增加将带来适箱货比例、集装箱化率等的提高。

（4）港口集约化的保障因素

从非洲西海岸来看，几内亚湾沿岸的集装箱港口整体表现较好，根据2013—2017年集装箱港口吞吐量数据可知，几内亚湾区域内9个港口的吞吐量大于10万TEU，拉各斯港、阿比让港、洛美港、特马港处于领先地位，其他港口也有一定的潜力。

（5）物流发展的催化因素

几内亚湾沿岸国家经济发展落后，并未形成科学高效的物流环境，也没有完整的物流链、产业链。但基础设施的逐渐完善和货运需求的逐渐增加对物流业的先导性提出了较高要求，以港兴流、以流促港已成为域内各国的发展目标，而更加无缝、快捷、高效的物流服务是集装箱发展的催化剂。

（6）国际竞争的激励因素

经济全球化要求金融全球化、资本全球化，要想融入大环境、割分大蛋糕，必须促进刺激经济增长的货运和进出口方式全球化。集装箱运输在各种海运方式中最具活力，经济全球化将推动集装箱海运持续繁荣，集装箱化已是大趋势、大变革、大机遇，几内亚湾区国家若要参与经济全球化，集装箱化是必经之路。

4.1.3　集装箱货运量和分布的影响因素

集装箱运输因其标准化的尺寸，运输设备和流程区别于其他货种运输。社会经济的发展、人民生活水平的提高、科学技术的进步、对外贸易的增长、腹地资源的开发以及城市化进程的加快都对港口运输生产提出更高的要求，同时这些因素也会对集装箱货运量和分布产生影响，主要因素包括航线数量、港口条件、区域经济和交通条件等。

（1）航线数量

集装箱的进出口依靠集装箱航线，较多的航线数量是集装箱货运量稳定和发展的保证，只有与海上航线连接的港口，才有机会使国内集装箱量增长。目前世界有三大集装箱航线：远东—北美航线，北美—欧洲、地中海航线，欧洲、地中海—远东航线，这三条航线囊括了全世界大部分国家和港口，而一些较小的港口可以和这三大航线沿线港口发生联系，参与全球贸易。

（2）港口条件

港口条件主要包括自然条件、社会经济条件、生产运营条件以及基础设施条件。其中，自然条件是在建港之前就已经确定的，对集装箱货运量和分布的影响不大。社会经济条件和集装箱量具有正相关性，一般来说，经济社会条件越好，集装箱量越大，而集装箱量的增加也会促进社会经济的发展。生产运营条件和基础设施条件是集装箱港口的硬性条件，对集装箱量产生正向影响。

（3）区域经济

在港口腹地内部，集装箱货运量和分布主要与各地经济条件和产业有关。一般最适合的货类是贵重商品、轻泡件杂货及小型高级机械等，如运价本中的从价货类、酒类、仪器仪表、各种纺织品、医药、各种轻工业品。适合货类是指一般粗杂货和袋装货物等。可以装运的商品，是指一般原料或较重的袋装商品如生铁、原木、大米、饲料等。因此，主要以上述货类为产品和产业的地区集装箱量会较多。

(4) 交通条件

公路集装箱运输以其机动灵活、快速直达的优势，扮演着集装箱运输“主力”角色，可以参与完整的运输过程，为货主提供更加方便、快捷、安全、优质的服务，是现代物流环节中不可缺少的运输方式，也是现代化运输发展的必然趋势。铁路运输的特点要求铁路通用集装箱以装运贵重、易碎和怕湿货物为主，货运组织方式有整列、整车、整箱、拼箱，要求铁路规格、火车规格、基地站、办理站等都符合集装箱货运的要求。同时，内河航运的集装箱化也是内河航运的发展重点，内河集装箱在减少浪费的同时，也能降低对环境的污染。据测算，与公路相比，内河集装箱运输的废气排放是公路运输的1/25。此外，内河集装箱运输还可拓宽内河运输的货物渠道，节省货物包装材料的同时，也降低商品运输成本。

4.1.4 罗斯托经济起飞理论

在西方发展经济学理论中，罗斯托的经济成长阶段论为实现国家经济起飞、摆脱传统社会经济发展缓慢的状态、促进经济快速发展提供了理论基础。该理论研究了世界各主要国家经济发展的历史，将人类社会划分为6个阶段：传统社会阶段、起飞准备阶段、起飞阶段、向成熟推进或持续增长阶段、高额群众消费阶段和追求生活质量阶段。在经济起飞阶段，国家或地区逐渐摆脱传统社会经济发展比较缓慢的状态，劳动力大量从第一产业转移到第二产业，产业经济结构发生巨大的变化，经济逐渐呈现出起飞的状态。罗斯托的这一理论还具体解答了国家或地区如何过渡到经济起飞阶段，如何实现经济起飞等问题。因此，他的经济成长阶段论又被称为经济起飞理论。

依照罗斯托的理论，一个国家或地区的经济起飞主要是指该国或地区在工业化初期的较短时间(20～30年)内，突破了不发达经济的停滞状态，实现基本经济和生产方法的剧烈转变。但几内亚湾地区有些国家经济始终处于低水平发展状态，人均收入低，生活非常贫困，尚未进入经济起飞阶段。因此，如何依托“一带一路”倡议等外部资源，快速完成工业化，实现经济起飞是这些国家的当务之急。

依照经济起飞理论，一般而言，一个国家或地区实现经济起飞的过程是经济发展质变的过程。在实现这个过程之前，该国或地区的经济发展必然会突破临界水平线。罗斯托认为，这种临界水平针对两种情况：一种是纳克斯提出的“贫困的恶性循环”，另一种就是莱宾斯坦的“低水平均衡陷阱”。纳克斯的“贫困的恶性循环”认为，发展中国家之所以贫困就是因为贫困，即“因为穷，所以穷”。因此罗斯托认为，发展中国家的经济必须在某些重要领域实现突破（如交通基础设施），才能冲破这种恶性循环的状态，使经济步入良性循环的状态。莱宾斯坦的“低水平均衡陷阱”认为，即使发展中国家经济有所发展，但其发展程度不高，还是会无法摆脱贫困落后的状态。对此罗斯托提出，发展中国家经济仅仅发展是不够的，必须要有高水平的发展。这种高水平的发展，要求必须获得某种推动力量，该力量会使一国经济发展冲破“低水平均衡”的“临界水平”，这种力量就是“最小临界努力”。因此，综合以上两点来看，罗斯托认为，一旦发展中国家以“最小临界努力”超越了纳克斯的“贫困的恶性循环”和莱宾斯坦的“低水平均衡陷阱”这个“临界水平”，发展中国家的经济就可以像飞机因推力加大而摆脱地球引力、冲破空气阻力突然腾空起飞那样，突破长期的经济停滞和徘徊状态，实现经济的起飞，即经济的发展产生了一种剧烈的突变或质变，跨出了传统社会的循环圈，进入经济大规模持续增长阶段。即，发展中国家在实现经济起飞前必然会面临着经济发展处于“临界水平”的瓶颈阶段，而要冲破瓶颈阶段，必须获得“最小临界努力”的推动力量。

目前，几内亚湾沿岸大部分国家处于起飞准备阶段，距起飞阶段尚有距离。在各国经济呈螺旋式上升的背景下，从起飞准备阶段到起飞阶段需要时间和外力牵引，方能突破“临界水平”。域内部分国家依靠自身努力、资源优势和西非、中非一体化发展形成的规模效应，以及国际力量（如“一带一路”倡议），谋求经济水平的快速发展，完全可能快速突破“临界水平”的瓶颈。

4.1.5　我国集装箱发展经验借鉴

我国港口集装箱运输起步于 20 世纪 70 年代中期，经历了较漫长的起步和培育阶段，至 20 世纪 80 年代，在“改革开放”政策引领下进入了成长阶段。1980 年，我国第一个集装箱专业泊位在天津港诞生，同时也拥有了第一批第三代集装箱船队。到 1990 年底，全国已有 19 个沿海港口、9 个内河港口开展集装箱装卸业务，集装箱年吞吐量从 1979 年的 3.29 万 TEU 增长到 156 万 TEU，年均增长超 10 万 TEU，年均增长率达 47%。此后，随着我国改革开放步伐的加快,国际贸易领域和规模不断扩大,集装箱港口进入了布局调整和快速发展阶段,至2000年集装箱吞吐量达到2340万TEU,平均每年增长超过200万TEU。总地来看,20世纪80年代和90年代我国港口集装箱吞吐量的快速发展主要来源于沿海港口的贡献,其中核心动力是改革开放形成的外贸量激增。

对比几内亚湾内主要港口,2017年集装箱吞吐量为514万TEU,相当于我国20世纪80至90年代发展水平,但增速较为平缓,从2013至2017年年均增长率仅为2.7%,与我国20世纪80、90年代吞吐量井喷式发展模式不同。我国的港口发展主要得益于我国顶层设计和国家政策支持;而几内亚湾港口分属不同国家,无法做到统一规划与管理,各港口独自发展,目前无法形成整体强大的合力。

因此,几内亚湾港口若能在合作发展和统一管理协调的双重助力下,形成大港引领小港,大、小港协作发展,形成集体合力,其发展或将迎来光明前景。

4.1.6 几内亚湾典型港口腹地集装箱货运量发展预测

外贸集装箱生成量指一个地区对集装箱外贸运输的总需求量,是这个地区对外贸易发展的综合反映。以集装箱作为代表货种,结合贸易和经济发展情况,以国家和主要城市为对象测算域内的外贸集装箱生成量,作为确定物流通道的依据。将外贸集装箱拆分为出口和进口两个维度,出口(进口)集装箱生成量是指一个国家出口(进口)的适箱货对运输的需求量。

根据集装箱系数生成法,对几内亚湾区域集装箱生成量进行计算,得到进出口集装箱生成量如表4-1和图4-1所示①。

由表4-1可以看出,几内亚湾沿岸的加纳、科特迪瓦和尼日利亚的集装箱生成量较大,其物流运输需求较大,是几内亚湾区域中需要重点关注的国家。出口集装箱生成量数据显示,以25万多TEU/年的科特迪瓦和16万多TEU/年的加纳最多,两国都拥有良好的港湾资源,为其出口提供极大便利。进口集装箱生成量方面,几内亚湾沿岸的尼日利亚拥有比较好的港口优势,较大的人口和经济规模,对进口商品的需求量远大于几内亚湾区域其他国家,其进口集装箱生成量在几内亚湾区域属于领先地位。因此143万多TEU/年的尼日利

① 由于相关数据难以获得,本章涉及的货运量计算均不包含利比里亚。

亚为进口集装箱生成量最多的国家；37 万多 TEU/年的加纳和 32 万多 TEU/年的科特迪瓦紧随其后。而对于贝宁、布基纳法索，由于体量较小，经济水平不高，集装箱的进出口生成量均不是很高，但有较大的发展潜力。

在进口与出口集装箱生成量的对比中，可见集装箱的进口生成量大于出口生成量，其出口空箱比例平均达到 60％，进一步说明几内亚湾区域的进出口不均衡。导致该区域在进出口生成量上产生巨大差异的原因有两点：

1）几内亚湾区域处在严重的贸易逆差中，对外贸易进口额基本大于对外贸易出口额，说明其进口商品数量大于出口数量。

2）由于几内亚湾区域进出口货种的区别，很多国家出口商品以矿石散货或原油为主，作为不可装箱的货物，在集装箱生成量计算中不被考虑，使得出口的集装箱重箱的数量较小，但是进口商品以粮食和机械等适箱货为主，则其进出口货物的货种区别导致了进出口集装箱数目的差异。进出口集装箱重箱生成量的巨大差异使得绝大多数进口到几内亚湾区域的集装箱将以空箱的形式运出，带来集装箱利用率上的巨大浪费，增加了物流成本，降低了物流效率，在考虑物流通道建设的同时，应当对该区域高空箱率的问题予以重视。

几内亚湾区域经济的快速发展带来的巨大物流需求，对基础设施和物流通道建设的需求不断增强。以人口而言，根据美国国际开发署（United States Agency for International Development，USAID）与美国地质勘探局（United States Geological Survey，USGS）数据，该区域人口不仅以 2.75％的平均年增长率快速增长，而且还变得更加城市化，一些主要城市的平均年增长率高达 9％。

表 4-1　2018 年几内亚湾沿岸及其港口腹地国家进出口集装箱生成量

国家	出口额（亿美元）	进口额（亿美元）	出口适箱货比例（％）	进口适箱货比例（％）	出口集装箱生成量（万 TEU）	进口集装箱生成量（万 TEU）	出口空箱比（％）
贝宁	33.44	38	80	60	9.63	8.78	25
布基纳法索	36.64	39.54	80	70	10.55	10.66	19
多哥	10.81	18.63	35	20	1.36	1.43	12
加纳	148.68	113.09	30	85	16.06	37.01	72
科特迪瓦	119.18	94.63	60	90	25.74	32.79	27
马里	39.66	35.84	10	60	1.43	8.28	89

续表

国家	出口额（亿美元）	进口额（亿美元）	出口适箱货比例（%）	进口适箱货比例（%）	出口集装箱生成量（万 TEU）	进口集装箱生成量（万 TEU）	出口空箱比（%）
尼日尔	22.82	12.03	70	40	5.75	1.85	18
尼日利亚	649.78	621.1	5	60	11.70	143.47	93
喀麦隆	51.84	57.17	75	50	14.00	11.01	11
赤道几内亚	47.23	22.44	50	40	8.50	3.46	－147
加蓬	56.67	28.29	40	60	8.16	6.53	－23
圣多美和普林西比	0.16	1.33	60	80	0.03	0.41	93
中非	7.03	3.33	60	70	1.52	0.90	77
乍得	18	25	30	45	1.94	4.33	55
刚果民主共和国	149.73	159.67	60	75	32.34	46.10	16
刚果共和国	45.53	81.48	80	65	13.11	20.39	01

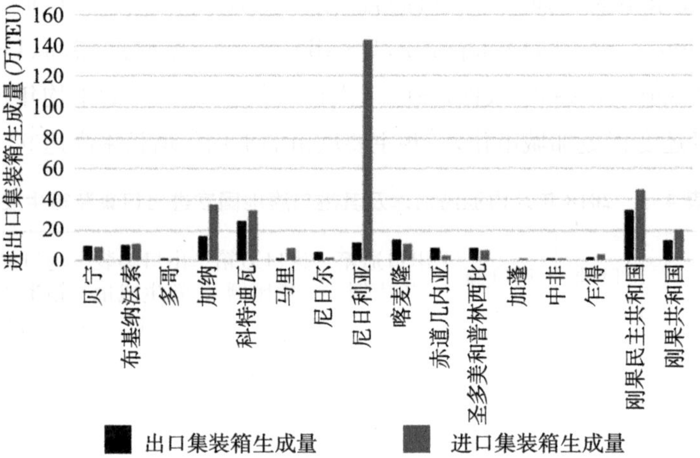

图 4-1　2018 年几内亚湾沿岸及其港口腹地国家集装箱生成量

（1）基于一般时间序列的预测

本研究以几内亚湾区域主要城市与各国平均人口年增长率预测该区域 2025 年以及 2030 年的人口数量。根据各国 GDP 的增长趋势测算集装箱生成量，2025 年、2030 年以及 2035 年几内亚湾区域各国集装箱生成量如表 4-2 和图 4-2 所示。

表 4-2　几内亚湾沿岸及其港口腹地国家中长期集装箱生成量表

国家	2018 年集装箱生成量（万 TEU）	GDP 增长率（%）	2025 年集装箱生成量（万 TEU）	2030 年集装箱生成量（万 TEU）	2035 年集装箱生成量（万 TEU）
贝宁	18.41	7.0	21.08	41.46	58.15
布基纳法索	21.21	6.2	23.92	43.65	58.97
多哥	2.79	5.1	3.09	5.08	6.51
加纳	53.07	6.7	60.42	115.56	159.81
科特迪瓦	58.53	7.1	67.14	133.31	187.85
马里	9.71	5.2	10.74	17.83	22.98
尼日尔	7.60	6.1	8.56	15.47	20.80
尼日利亚	155.17	2.5	163.03	208.69	236.11
喀麦隆	25.01	4.1	27.09	40.49	49.50
赤道几内亚	11.96	4.6	13.08	20.51	25.68
加蓬	14.69	2.3	15.38	19.31	21.63
圣多美和普林西比	0.44	1.5	0.46	0.53	0.57
中非	2.42	2.5	2.54	3.25	3.68
乍得	6.27	1.2	6.43	7.24	7.69
刚果民主共和国	78.44	4.0	84.85	125.60	152.81
刚果共和国	33.50	1.1	34.24	38.20	40.35

以科特迪瓦、布基纳法索和加纳等国的较高的经济增长率为代表，几内亚湾区域的集装箱生成量在未来将会有较大提升，以此带来较大的物流需求，基础设施与物流通道的能力应当满足其需求。

根据一般时间序列预测，2025 年科特迪瓦、加纳和尼日利亚的集装箱生成量将分别达到 67 万 TEU、60 万 TEU 和 163 万 TEU，贝宁和布基纳法索也将在未来迎来较大的物流需求，因此从阿比让港到拉各斯港沿线的几内亚湾南岸的港口腹地物流通道将是近期该地区物流通道建设的重要内容。

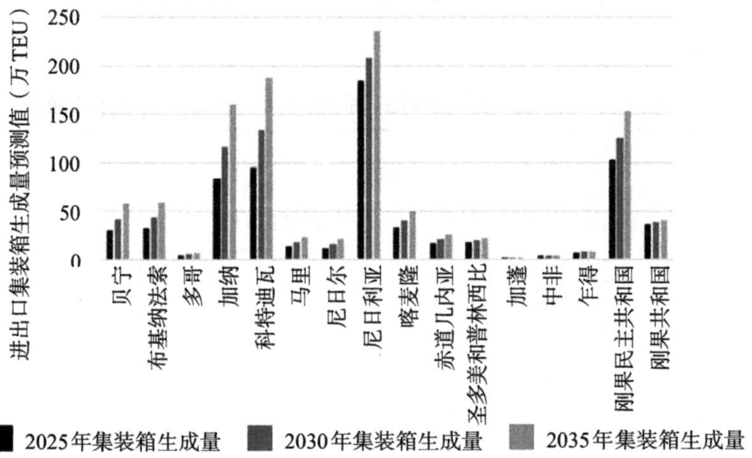

图 4-2　几内亚湾沿岸及其港口腹地国家集装箱生成量预测

(2) 基于起飞理论的乐观预测

借鉴 20 世纪 80 年代我国港口集装箱运输的经验，将起飞理论应用到几内亚湾港口集装箱生成量预测。根据表 4-1 和图 4-1，基于 2018 年几内亚湾区域进出口集装箱生成量的数据，对几内亚湾港口集装箱生成量进行乐观预测。预测结果见表 4-3 和图 4-3。

对比乐观预测结果表 4-3 和一般时间预测结果表 4-2，2025 年集装箱生成量差距在 1.7 倍左右，至 2035 年集装箱生成量差距则为 2 倍左右。虽然采用的是线性增长率预测，预测数据不能代表真实情况，但也可以看出，若是几内亚湾地区参考 20 世纪 80 年代的中国，采用合理的政策和积极的投入，大力发展港口运输经济，集装箱量将会迅猛增长，给沿岸及腹地国家带来巨大的发展机遇。

长期来看，经济增长是一个国家或地区生产能力持续扩张的过程。经济学理论认为，长期的经济增长来源于两个方面：一方面是要素投入（主要指资本与劳动力）的增长；另一方面是劳动生产率的增长。短期的经济增长也来源于两个方面：一是生产能力的扩张；二是生产能力利用程度的提高。经济增长在现实生活中的直接体现就是，社会产出水平的增加。而集装箱运输的大力发展将直接或间接地影响这几个方面，并形成正向反馈。

表 4-3　基于乐观预测的中长期集装箱生成量表

国家	2018 年集装箱生成量（万 TEU）	借鉴集装箱增长率（万 TEU）	2025 年集装箱生成量（万 TEU）	2030 年集装箱生成量（万 TEU）	2035 年集装箱生成量（万 TEU）
贝宁	18.41	0.09	33.65	51.78	79.67
布基纳法索	21.21	0.09	38.77	59.66	91.79
多哥	2.80	0.09	5.12	7.88	12.12
加纳	53.07	0.09	97.01	149.27	229.67
科特迪瓦	58.54	0.09	107.01	164.65	253.34
马里	9.71	0.09	17.75	27.31	42.02
尼日尔	7.60	0.09	13.892	21.38	32.89
尼日利亚	155.17	0.09	283.66	436.44	671.52
喀麦隆	25.00	0.09	45.70	70.32	108.19
赤道几内亚	11.96	0.09	21.86	33.64	51.76
加蓬	14.70	0.09	26.87	41.35	63.62
圣多美和普林西比	0.44	0.09	0.80	1.24	1.90
中非	2.42	0.09	4.42	6.81	10.47
乍得	6.28	0.09	11.48	17.66	27.18
刚果民主共和国	78.45	0.09	143.41	220.65	339.50
刚果共和国	33.50	0.09	61.24	94.22	144.98

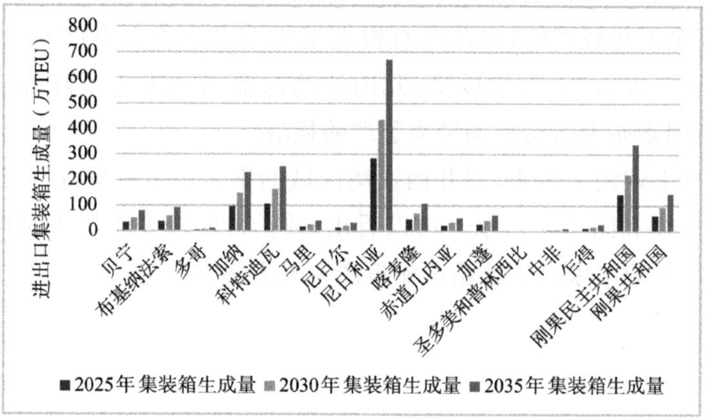

图 4-3　基于乐观预测的中长期集装箱生成量

（3）悲观预测

几内亚湾沿岸及腹地各国政治形态复杂，国家面积不大，数量较多，各利益主体之间关系复杂，短期内难以协调，因此该地区集装箱运输可能保持低速态势。前期，各国港口都注重于自身优势的探索与发展，把基础设施摆在第一位，以求得与更多港口和国家的航线联系，因此竞争并不会特别激烈，港口间无需合作。但当域内港口都发展到一定规模，相近的几个港口，无论进口货物或者出口货物都能快捷便利地到达目的地，这时该地区港口间的竞争将日益激烈，联盟或合作会自然成为各港口增强竞争力、拓展市场的主要选项。

根据专题一的结论，几内亚湾沿岸及腹地各国总体政局平稳（部分存在政局动荡的隐患）。在外交关系中，除赤道几内亚外，各国大都把与美国、法国等西方发达国家的关系放在重要位置，以寻求经济援助和政治支持；同时，绝大多数几内亚湾国家重视与中国建立友好外交关系，以寻求经济合作、互利互惠；有一部分几内亚湾沿岸国家与俄罗斯、韩国、日本有一定的经贸往来。与此同时，几内亚湾地区国家日益重视与邻国的友好关系，维护地区和平稳定正成为新趋势。外交关系以及政治因素对经济的影响明显，导致航运网络错综复杂，使得港口集装箱运输市场也面临着激烈的竞争。

就国家安全来说，几内亚湾沿海的 10 个国家中加纳、贝宁等 4 国 GPI 指数较低，社会治安环境较好；另外一些国家虽然 GPI 指数不是很高，国内治安状况较好，刑事犯罪率不高，但受其周边国家不稳定因素的影响，安全局势总体上表现一般，如科特迪瓦、多哥等国；还有一些国家 GPI 排名高至 100 位以上，社会安全形势较严峻，内部时有极端组织的恐怖袭击事件发生，如喀麦隆和尼日利亚。进入 21 世纪以来，几内亚湾海盗活动进入了高峰。这些不安全、不稳定因素亦为航运市场带来了严峻挑战。

考虑到上述消极因素，对几内亚湾区域的集装箱生成量进行了悲观预测，结果如表 4-4 和图 4-4 所示。可以看出，政治、经济、安全等不利因素将对几内亚湾地区多数国家的集装箱运输量产生较大影响。

表 4-4　基于悲观预测的中长期集装箱生成量表

国家	2018 年集装箱生成量	安全因素折减系数	2025 年集装箱生成量	2030 年集装箱生成量	2035 年集装箱生成量
贝宁	18.41	0.9	20.80	38.32	52.01
布基纳法索	21.21	0.9	23.64	40.69	53.38
多哥	2.80	0.8	3.03	4.52	5.52
加纳	53.07	0.9	59.66	107.14	143.58
科特迪瓦	58.54	0.8	65.37	113.58	149.72
马里	9.71	0.9	10.64	16.80	21.12
尼日尔	7.60	0.9	8.46	14.44	18.86
尼日利亚	155.17	0.6	159.86	185.52	199.86
喀麦隆	25.00	0.7	26.46	35.11	40.45
赤道几内亚	11.96	0.9	12.97	19.46	23.83
加蓬	14.70	0.8	15.24	18.29	20.036
圣多美和普林西比	0.44	1	0.46	0.53	0.57
中非	2.42	1	2.54	3.25	3.68
乍得	6.28	1	6.43	7.24	7.69
刚果民主共和国	78.45	1	84.85	125.60	152.81
刚果共和国	33.50	1	34.24	38.20	40.35

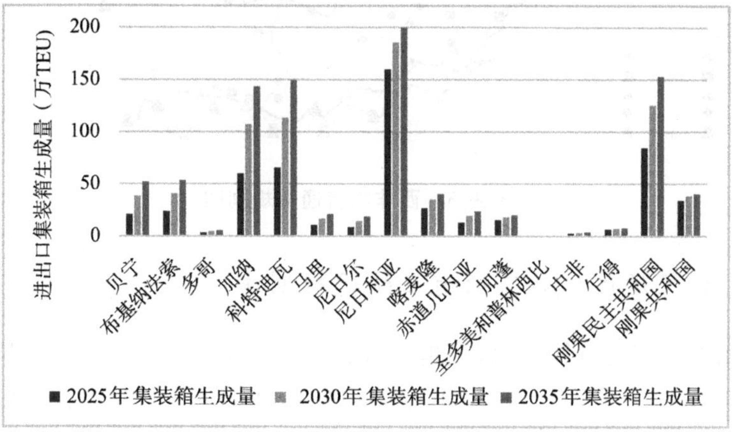

图 4-4　基于悲观预测的中长期集装箱生成量

4.2 几内亚湾典型港口集疏运通道构建研究

4.2.1 构建基础

根据系列研究一《西部非洲国家交通运输现状及通道建设研究》的研究成果，对几内亚湾区域新增的乍得、喀麦隆、赤道几内亚、加蓬、刚果共和国、刚果民主共和国和中非共和国区域进行港口集疏运通道设计，并对几内亚湾区西非沿岸重要港口的集疏运通道进行评价和优化选择。

系列研究一《西部非洲国家交通运输现状及通道建设研究》以现代物流理论为指导，基于数值模拟通道结果，结合西非域内港口、内河航运、公路、铁路等基础设施建设、运营情况，以及域内国家政治、经济及矿产发展需求等要素，考虑大尺度地形、地貌特征和现有交通建设规划，确定了“两横五纵”的西非区域七条陆上物流通道和一条海上物流通道规划方案，具体如图 4-5 所示。

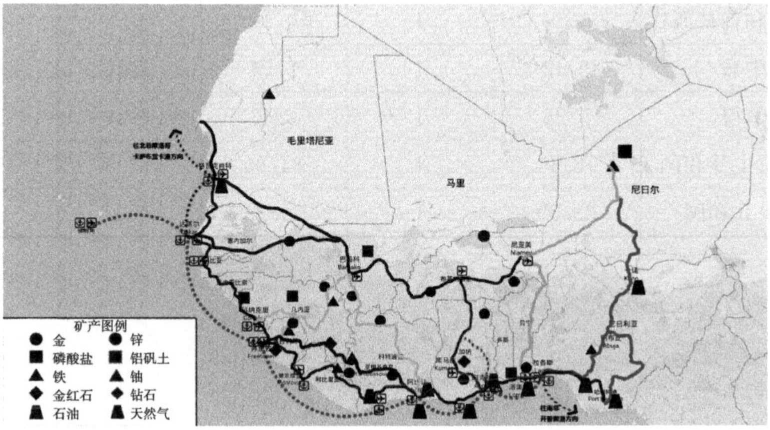

图 4-5　西非物流通道规划图

4.2.2 大尺度区域物流通道三阶段规划法

根据本研究的具体情况，当地集疏运系统的建设不完备，各项技术、经济数据资料匮乏，且研究对象为跨国、跨地区、跨地形的大尺度空间，现有的成熟通道设计方法无法满足研究的需要。

据此，本研究创新构建了大尺度区域物流通道三阶段规划法，基于构建物流体系时所应当遵循的可达性原则、资源禀赋原则、经济性原则、发展性原则和导向性原则，创新通过可达性设计、能力设计和布局设计三个阶段性设计进行港口群的集疏运通道规划，并使用启发式算法、仿真方法和动态规划等方法对复杂的系统问题进行求解。该方法适用于非洲、东南亚等基础数据较为缺乏的国家和地区。

4.2.3　几内亚湾港口货运干线通道系统

依据物流通道的数值模拟结果并结合几内亚湾地区现有的道路建设情况和地形地貌条件，在原有的物流通道基础上新增了两横三纵物流通道。

(1) 哈克特—杜阿拉—马坎达—利伯维尔沿海横向通道

1) 建设需求：该通道基本基于几内亚湾现有路网，需要根据通过能力设计需求对区域道路进行相应的基建升级。另外根据现有的路网和规划，考虑新建卡拉巴尔—蒙登巴段道路与 Rio Muni 河河口大桥，可以极大地提升通道效率。

2) 涉及国家：尼日利亚、喀麦隆、赤道几内亚、加蓬。

3) 通道能力：年通过能力 600 万～800 万 TEU。

4) 预期目标：提高区域运输效率，保证陆上运输与海上运输的协调发展，创造足够的港口运输能力以应对日益增长的需求，创造更好的区域贸易和出口机会，节约运输成本，保证几内亚湾经济最活跃地区的高速发展，加快几内亚湾的区域一体化。

(2) 阿加德兹—津德尔—恩贾梅纳—班吉内陆横向通道

1) 建设需求：该通道基本基于几内亚湾现有路网，需要根据通过能力设计需求对区域道路进行相应的基建升级。此外，恩贾梅纳段存在着丰富的水运资源，可以发展相关水运建设。

2) 涉及国家：尼日尔、尼日利亚、乍得、中非共和国。

3) 通道能力：年通过能力 400 万～700 万 TEU。

4) 预期目标：提升区域物流运输效率，加大几内亚湾内陆城市之间的联系，简化过境的人员和货物的手续，降低区域贸易成本，提高交通系统效率，加快促进区域一体化。

(3) 阿布贾—恩贾梅纳纵向通道

1) 建设需求：该通道基本基于几内亚湾现有路网，需要根据通过能力设计需求对区域道路进行相应的基建升级。此外，恩贾梅纳段存在着丰富的水运资源，可以发展相关水运建设。

2）涉及国家：尼日利亚、乍得。

3）通道能力：年通过能力 400 万 TEU。

4）预期目标：提高区域运输效率，创造更好的区域贸易和出口机会，节约运输成本。

（4）杜阿拉—雅温得—班吉纵向通道

1）建设需求：该通道基本基于几内亚湾现有路网，需要根据通过能力设计需求对区域道路进行相应的基建升级。

2）涉及国家：喀麦隆、中非共和国。

3）通道能力：年通过能力 3 000 万 TEU。

4）预期目标：加强内陆城市与沿海城市之间的联系，增强雅温得作为内陆枢纽城市的地位与杜阿拉作为沿海枢纽城市的地位，便利内陆国家对外出口，减少区域贸易成本与物流运输成本，加快促进区域一体化。

（5）利伯维尔—金沙萨纵向通道

1）建设需求：该通道基本基于几内亚湾现有路网，需要根据通过能力设计需求对区域道路进行相应的基建升级。

2）涉及国家：该通道涉及国家主要包括：加蓬、刚果共和国、刚果民主共和国。

3）通道能力：年通过能力 1 200 万～1 500 万 TEU。

4）预期目标：提高区域运输效率，保证陆上运输与海上运输的协调发展，创造足够强大的港口运输能力以应对日益增长的需求，创造更好的区域贸易和出口机会，节约运输成本，保证几内亚湾经济最活跃地区的高速发展，加快几内亚湾的区域一体化。

根据 4.2.1 的研究基础和本节相关研究成果，提出建设几内亚湾港口货运干线通道系统，如图 4-6 所示。

4.3 几内亚湾典型港口集疏运体系优化

在 4.2 的基础上，进一步对几内亚湾货运干线通道系统进行细化设计，具体分析各通道适宜的运输方式和具体选址，对于存在多种选择的集疏运路段，利用经济性、时效性和环境友好性对几内亚湾的港口集疏运体系中的通道段

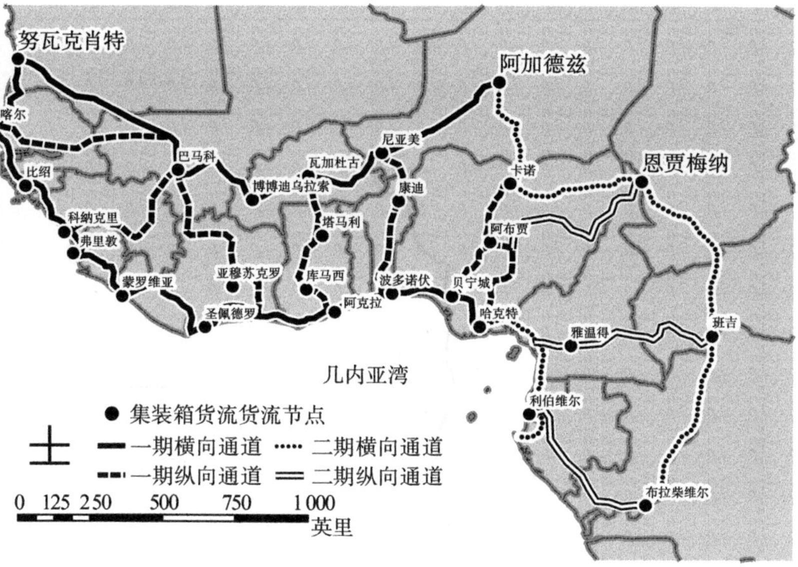

图 4-6　几内亚湾港口集疏运通道规划图

进行适应性分析，通过多目标评价对集疏运体系进行细化和优化。

(1) 博博迪乌拉索—布瓦凯—阿比让段

根据几内亚湾典型港口集装箱货运需求分布预测，在布基纳法索的博博迪乌拉索和瓦加杜古会较为显著地生成外贸集装箱的货流集中。根据现有通道设计，瓦加杜古的货流经由纵向通道可以直达特马港，而博博迪乌拉索的货流则需要经过横向通道的周转才能抵达纵向通道前往阿比让港或特马港，其货运节点的优势没有得到体现，因此博博迪乌拉索—阿比让的路网结构存在着比较大的优化空间，区段和方案的具体情况如图 4-7 所示。

由于两方案与费尔凯塞杜古至阿比让港的通道存在重合，因此两方案主要比较由博博迪乌拉索至费尔凯塞杜古段的建设效益。新设方案和原设方案选取的路段均存在成熟的路网，其现有道路通过能力为 1 000 万 TEU/年（现有道路通过能力数据来源于 ArcGIS 估算，下同），部分原设方案的路段达到 1 500万 TEU/年，而通道设计目标通过能力为 3 000 万 TEU/年；根据测图结果，新设方案的周转距离为 213 公里，原设方案的周转距离为 818 公里。

根据综合评价模型计算结果，$A_{新设}$ 为 $8.49 \cdot 10^{-11}$，$A_{原设}$ 为 $2.95 \cdot 10^{-11}$，$A_{新设}$ 远优于 $A_{原设}$，因此应当选取新设通道方案。

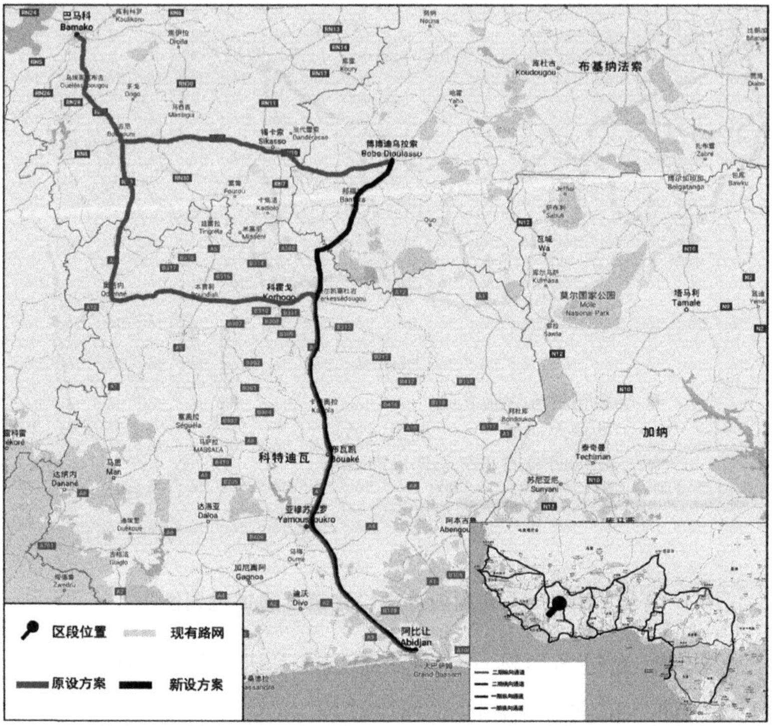

图 4-7　博博迪乌拉索—阿比让港段方案示意图

（2）瓦加杜古—塔马利—库马西—特马段

在瓦加杜古—特马港的纵向通道中，塔马利以下的区段存在沃尔特水库的丰富水运资源，以阿科松博大坝为界，大坝以上水库库区航运便利，轮船可延水域上溯至塔马利港，因此有必要考虑公铁水联运方案，发挥水运在经济性和环境友好性上的优势，区段和方案的具体情况如图 4-8 所示。

原方案和新方案的路上部分均存在通过能力为 1 000 万 TEU/年的公路路网，其设计通过能力为 3 000 万 TEU。对于原设方案，拟从瓦加杜古—塔马利—库马西—杜阿拉修建年通过能力为 2 000 万 TEU 的铁路专线，其周转距离为 555 公里；对于新设方案，由于其陆上部分较短，仅考虑对现有道路进行扩容，其周转距离为 163 公里，水上部分周转距离为 484 公里。

由计算结果可知，$A_{新设}$ 为 $5.17 \cdot 10^{-11}$，$A_{原设}$ 为 $3.26 \cdot 10^{-11}$，$A_{新设}$ 远优于 $A_{原设}$，因此应当选取新设通道方案，积极发挥沃尔特水库的优质航运资源。

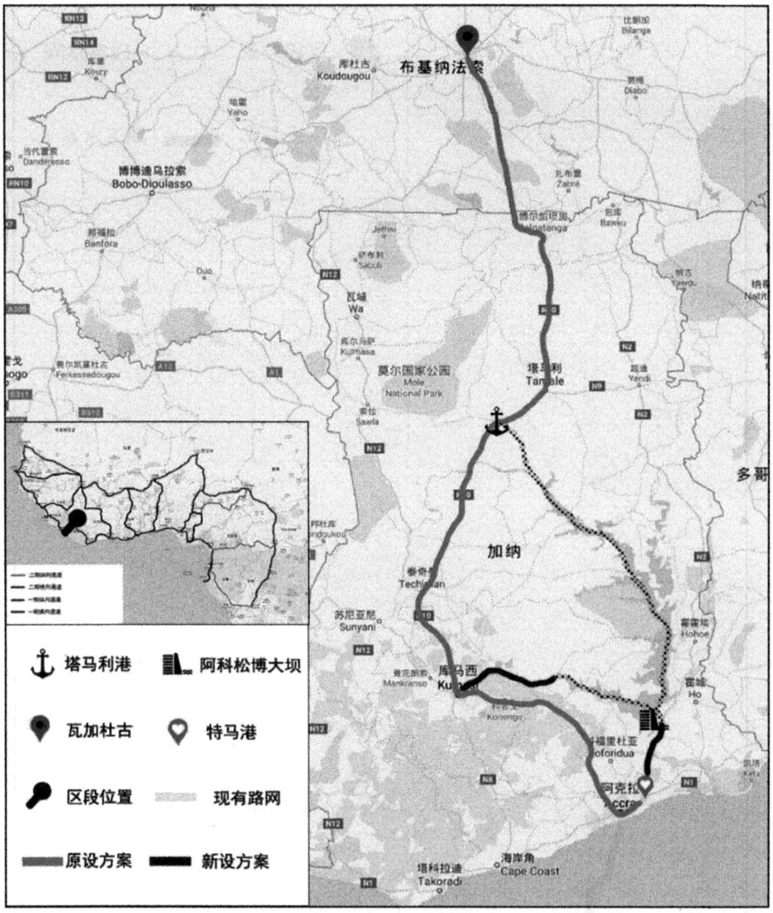

图 4-8　瓦加杜古—特马段方案示意图

(3) 康迪—波多诺伏—拉各斯段

在康迪—波多诺伏—拉各斯的纵向通道中的萨韦—凯图段路网结构存在缺失，现有通道的周转距离较远，其路网结构存在着比较大的优化空间，区段和方案的具体情况如图 4-9 所示。

两方案主要比较由萨韦至凯图段的建设效益，其通道设计目标通过能力 2 000 万 TEU/年。原设方案选取的路段存在成熟的路网，其现有道路通过能力为 1 000 万 TEU/年，拟建设 1 000 万 TEU/年的铁路实行公铁联运，原设方案的周转距离为 183 公里；新设方案路段无成熟路网，考虑通道其他路段已经存在一定规模的公路结构，拟建设 1 000 万 TEU/年的公路与 1 000 万 TEU/

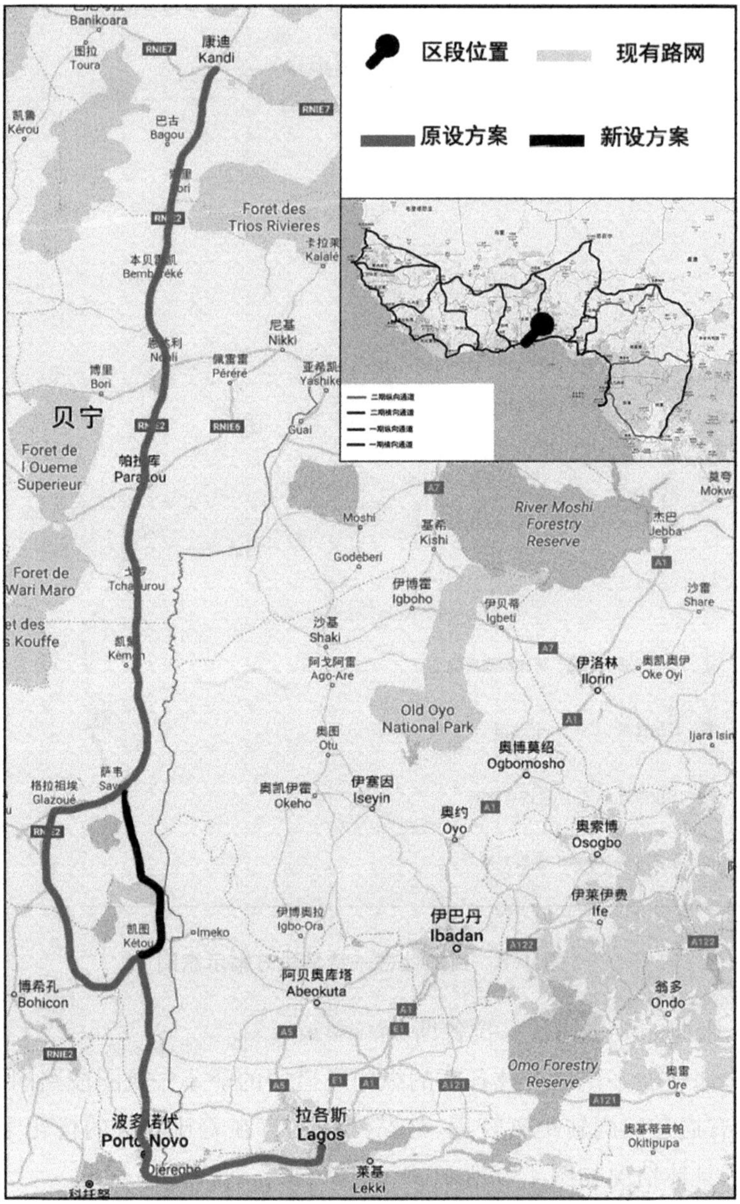

图 4-9 康迪—拉各斯段方案示意图

年的铁路实行公铁联运，新设方案的周转距离为 83 公里。

由计算结果可知，$A_{新设}$ 为 $1.38 \cdot 10^{-10}$，$A_{原设}$ 为 $1.98 \cdot 10^{-10}$，$A_{新设}$ 略逊于 $A_{原设}$，因此应当保留原设通道方案，放弃新建道路。

(4) 卡拉巴尔—蒙登巴段

在哈克特—杜阿拉—马坎达—利伯维尔沿海通道的卡拉巴尔—蒙登巴段,现有路网的结构存在着比较大的优化空间,区段和方案的具体情况如图 4-10 所示。

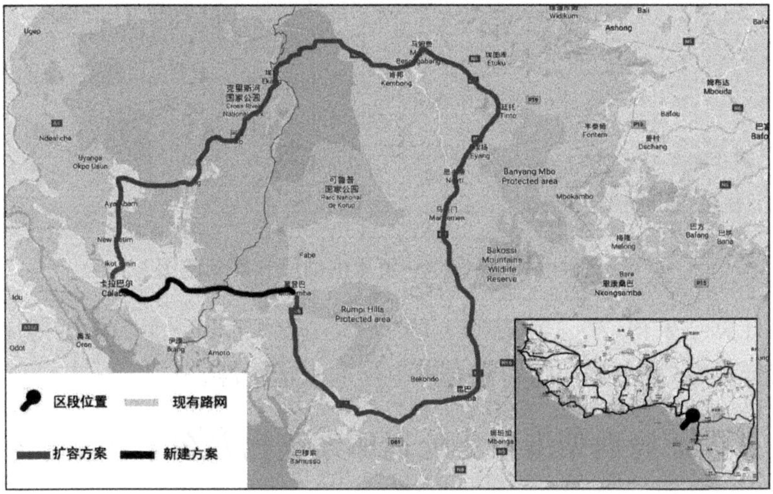

图 4-10　卡拉巴尔—蒙登巴段方案示意图

该区段现有道路的通过能力为 300 万 TEU/年,目标通过能力为 800 万 TEU/年;根据相关测图软件测算,扩容方案的周转距离为 403 公里,新建方案的周转距离为 76 公里,由评价模型计算结果得到综合评价指标,$A_{扩容}$ 为 $8.36 \cdot 10^{-11}$,$A_{新建}$ 为 $2.72 \cdot 10^{-10}$,$A_{新建}$ 远优于 $A_{扩容}$,因此应当选取新建道路方案。

(5) 泽德尔—恩贾梅纳段

在阿加德兹—津德尔—恩贾梅纳—班吉内陆横向通道中,由于恩贾梅纳段存在着乍得湖和沙里河的丰富水运资源,可以发展相关水运建设,因此有必要考虑公铁水综合运输方案,区段和方案的具体情况如图 4-11 所示。

该区段公铁方案现有通过能力为 300 万 TEU/年,公铁水联运方案现有通过能力为 300 万 TEU/年,且相关水运设置为新建项目,目标设计能力为 800 万 TEU/年;根据相关测图软件测算公铁方案的周转距离为 1 020 公里,公铁水联运方案的公铁周转距离为 530 公里,水运周转距离为 400 公里;拟双方案均建设 300 万 TEU 通过能力的铁路。

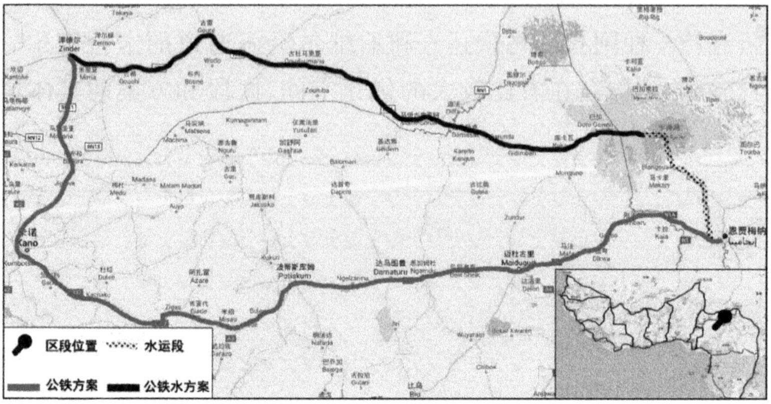

图 4-11　泽德尔—贾恩梅纳段方案示意图

由计算结果得，$A_{公铁}$为 $4.86 \cdot 10^{-11}$，$A_{公铁水}$为 $7.08 \cdot 10^{-11}$，因此应选用公铁水联运方案，充分利用乍得湖和沙里河的水运资源。

4.4　几内亚湾典型港口集疏运体系优化方案

根据几内亚湾典型港口货运通道设计并经适应性分析得到的具体选址和运输方式方案，整理得到几内亚湾典型港口集疏运体系优化方案，汇总如图 4-12 所示。

4.5　规划线路建设时序

4.5.1　物流通道效果分析

“两横九纵”的几内亚湾区域物流通道，是基于该地区各国的经济现状、国民经济和社会发展等相关指标，充分考虑各国的地理位置以及历史政治等因素，最终形成的。规划路线见表 4-5。

本研究规划的综合运输通道，总长约 22 000 公里，覆盖了几内亚区域绝大多数国家的政治经济中心和关键节点城市，保证了整个物流系统的连通性，提高了整个系统的运输效率。

对该物流通道规划进行建设时序分析时，除了考量一般项目评价的独立性、可信性、透明性特点外，还应兼顾以下特点。

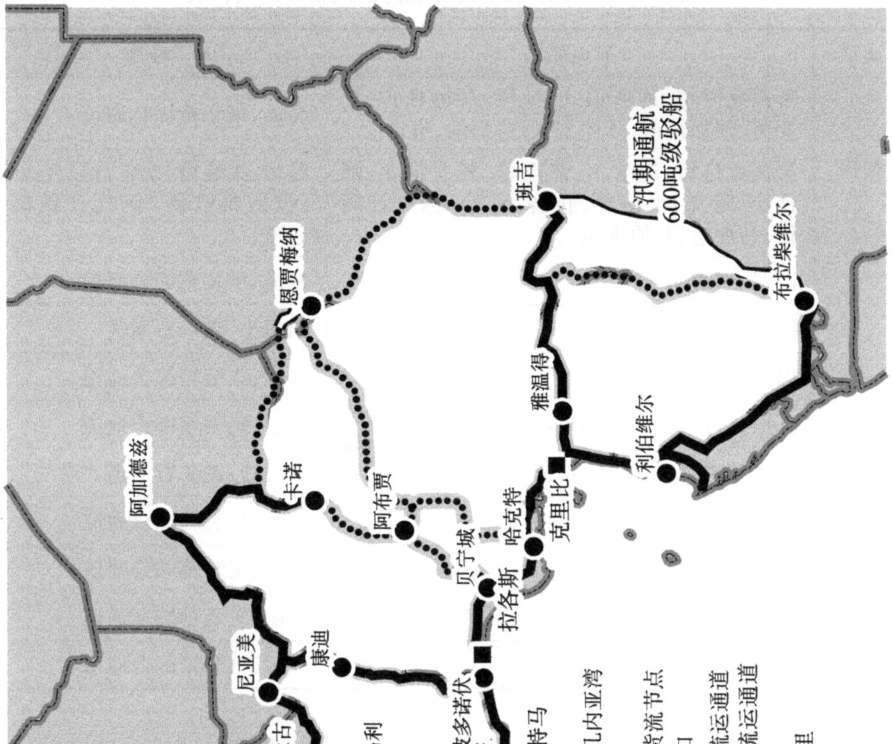

图 4-12　几内亚湾典型港口集疏运体系优化方案示意图

表 4-5 "两横九纵"几内亚湾区域物流通道列表

通道	节点城市	性质
两横	努瓦克肖特、达喀尔、巴马科、瓦加杜古、尼亚美、阿加德兹、泽德尔、恩贾梅纳、班吉	客运、集装箱综合通道
	努瓦克肖特、达喀尔、弗里敦、蒙罗维亚、阿比让、阿克拉、洛美、拉各斯、哈克特、杜阿拉、马坎达、利伯维尔	客运、集装箱、铁矿石综合通道(包括弗里敦—阿比让铁矿石通道)
九纵	巴罗、达喀尔	客运、集装箱综合通道
	巴马科、科纳克里、弗里敦	铝矾土、铁矿石通道
	巴马科、阿比让	客运、集装箱综合通道
	瓦加杜古、特马	客运、集装箱综合通道
	阿尔利特、尼亚美、科托努	磷酸盐、铁矿石通道
	阿加德兹、拉各斯、哈克特港	客运、集装箱综合通道
	阿布贾、恩贾梅纳	客运、集装箱综合通道
	利伯维尔、金沙萨	客运、集装箱综合通道
	杜阿拉、雅温得、班吉	客运、集装箱综合通道

(1) 复杂性

"两横九纵"规划涉及国家众多,构成了一个复杂的体系,需要在大的背景下从社会经济、综合运输、社会影响等方面加以分析,进行综合评价,其中各方相互影响、相互关联,具有一定的复杂性。

(2) 不易量化性

交通建设属于公共物品范畴,以对社会贡献为主要任务,它没有直接的产出品,主要产生间接的经济效益。其效益主要分散在道路使用费用的节省、运输物品的增值、促进资源开发、提高劳动力就业等方面,涉及整个社会的所有个体,数据收集较难,且难以量化。

基于上述特点,对"两横九纵"线路采用定量和定性相结合,以定性为主的方式进行全面客观评价。根据该线路途经覆盖地区的 GDP 之和占西非区域内国家 GDP 总量的比例进行评价,考虑到西非各国行政区域人口数据的可得性,这里的覆盖地区是指通道途经的主要城市与通道沿线 50 公里以内区域。

由于城市存在虹吸效应,GDP 分布与人口分布并不是简单的线性关系。参考我国人均 GDP 与 GDP 分布情况,整理来自国际货币基金组织和世界银行的数据，得到“两横九纵”几内亚湾区域物流通道覆盖人口与 GDP 综合占比情况，如表 4-6 所示。

表 4-6　“两横九纵”几内亚湾区域物流通道覆盖人口与 GDP 综合占比情况

通道	节点城市	人口与 GDP 综合占比
两横	努瓦克肖特、达喀尔、巴马科、瓦加杜古、尼亚美、阿加德兹、泽德尔、恩贾梅纳、班吉	26.9%
	努瓦克肖特、达喀尔、弗里敦、蒙罗维亚、阿比让、阿克拉、洛美、拉各斯、哈克特、杜阿拉、马坎达、利伯维尔	68.3%
九纵	巴罗、达喀尔	3.2%
	巴马科、科纳克里、弗里敦	4.8%
	巴马科、阿比让	5.1%
	瓦加杜古、特马	6.0%
	阿尔利特、尼亚美、科托努	7.5%
	阿加德兹、拉各斯、哈克特港	28.6%
	阿布贾、恩贾梅纳	9.6%
	利伯维尔、金沙萨	11.3%
	杜阿拉、雅温得、班吉	13.5%

虽然“两横九纵”各通道覆盖了几内亚湾区域绝大多数国家的政治经济中心和关键节点城市，但可以发现过半线路的指标表现平平，其原因主要是尼日利亚这个经济体在西非区域国家中过于庞大，在随后的建设时序规划中需要考虑这点。

4.5.2　重要路段划分

为提升几内亚湾区域物流通过能力，更加实际和准确地确定主要通道的建设，依据分段实施、核心城市优先的原则，将主要通道进行重要路段划分。以核心城市为起终点，确定 41 条区域主要通道的重要路段，各路段具体信息如表 4-7 所示。

表 4-7 “两横九纵”主要通道的重要路段划分

编号	主通道	起点城市	终点城市	国家
1	第一横	达喀尔	巴马科	塞内加尔、马里
2	第一横	努瓦克肖特	巴马科	毛里塔尼亚、马里
3	第一横	巴马科	瓦加杜古	马里、布基纳法索
4	第一横	瓦加杜古	尼亚美	布基纳法索、尼日尔
5	第一横	尼亚美	泽德尔	尼日尔
6	第一横	泽德尔	恩贾梅纳	尼日尔、尼日利亚、乍得
7	第一横	恩贾梅纳	班吉	乍得、中非共和国
8	第一横	班吉	金沙萨	中非共和国、刚果共和国
9	第二横	努瓦克肖特	达喀尔	毛里塔尼亚、塞内加尔
10	第二横	达喀尔	班珠尔	塞内加尔、冈比亚
11	第二横	班珠尔	比绍	冈比亚、几内亚比绍、塞内加尔
12	第二横	比绍	科纳克里	几内亚比绍、几内亚
13	第二横	科纳克里	弗里敦	几内亚、塞内加尔
14	第二横	弗里敦	蒙罗维亚	塞拉利昂、利比里亚
15	第二横	弗里敦	亚穆苏克罗	塞拉利昂、几内亚、科特迪瓦
16	第二横	亚穆苏克罗	阿比让	科特迪瓦
17	第二横	蒙罗维亚	阿比让	利比里亚、科特迪瓦
18	第二横	阿比让	阿克拉	科特迪瓦、加纳
19	第二横	阿克拉	洛美	加纳、多哥
20	第二横	洛美	科托努	多哥、贝宁
21	第二横	科托努	拉各斯	贝宁、尼日利亚
22	第二横	拉各斯	贝宁城	尼日利亚
23	第二横	贝宁城	哈克特	尼日利亚
24	第二横	哈克特	杜阿拉	尼日利亚、喀麦隆
25	第二横	杜阿拉	利伯维尔	喀麦隆、赤道几内亚、加蓬
26	第二横	利伯维尔	谦蒂尔	加蓬
27	第一纵	巴罗	达喀尔	塞内加尔

续表

编号	主通道	起点城市	终点城市	国家
28	第二纵	巴马科	康康	马里、几内亚
29	第二纵	康康	科纳克里	几内亚
30	第二纵	康康	弗里敦	几内亚、塞拉利昂
31	第三纵	巴马科	阿比让	马里、科特迪瓦
32	第四纵	瓦加杜古	库马西	布基纳法索、加纳
33	第四纵	塔马利	阿克拉	加纳
34	第四纵	库马西	阿克拉	加纳
35	第五纵	尼亚美	科托努	尼日尔、贝宁
36	第六纵	卡诺	阿布贾	尼日利亚
37	第六纵	阿布贾	贝宁城	尼日利亚
38	第六纵	阿布贾	哈克特	尼日利亚
39	第七纵	恩贾梅纳	杜阿拉	乍得、尼日利亚
40	第八纵	班吉	杜阿拉	中非共和国、喀麦隆
41	第九纵	金沙萨	利伯维尔	刚果共和国、加蓬

4.5.3　时序评级标准及评级

基于对上述因素的分析，本研究从政策、经济及基础设施状况三个方面对“两横九纵”中主要的 41 条区域通道进行评价。政策方面主要考虑国家对其国内的建设通道的政策考量，若国家政策对该条通道的建设起到支持作用，则该条通道应优先考虑建设。否则，该条通道的建设还需等待时机。本研究以中国在几内亚湾各国的影响力来表征政策影响程度。经济方面主要包括经济密度及人口密度，通道的建设主要应为经济发展和人民生活服务，因而一段通道覆盖的服务范围内经济密度及人口密度的高低则可反映该条通道建设的必要性的高低。基础设施方面主要包括该通道的建设难度、建设里程及运输方式。该通道的建设难度由该通道覆盖范围内的地理条件决定，如该通道穿过了高山地区则该通道的建设难度及成本较高。通道的建设里程体现了该通道的建设成本，里程越长，则成本越高，那么该通道的建设时序越靠后。结合该地区的交通现状，本研究认为目前最需要且最适宜的运输方式为公路，同时对于大容量的路段兼顾铁路和水路运输的建设，满足中长期的发展需求。评级结果见表 4-8。

表 4-8　规划建设时序评级表

编号	主通道	起点城市	终点城市	经济指标(亿美元/公里)	政策	建设难度	里程(公里)	运输方式	评分	评级
1	第二横	科托努	拉各斯	7	0.65	低	95	公路	4.93	★★★★★
2	第八纵	班吉	杜阿拉	6.6	0.65	中	1 180	铁路	4.78	★★★★★
3	第二横	哈克特	杜阿拉	5.5	0.65	中	230	公路	4.35	★★★★☆
4	第二横	杜阿拉	利伯维尔	3.6	0.65	低	470	公路	4.14	★★★★
5	第二横	拉各斯	贝宁城	3.3	0.65	低	215	公路	3.3	★★★★
6	第一横	恩贾梅纳	班吉	0.15	0.75	中	955	铁路	3.18	★★★☆
7	第七纵	恩贾梅纳	杜阿拉	2.24	0.45	中	1 480	公路	3.13	★★★☆
8	第二横	洛美	科托努	0.24	0.65	低	115	公路	3	★★★
9	第九纵	金沙萨	利伯维尔	1.16	0.55	中	1 050	公路	2.98	★★★
10	第一横	尼亚美	泽德尔	0.09	0.75	中	1 650	公路	2.96	★★★
11	第六纵	卡诺	阿布贾	1.18	0.65	高	480	公路	2.96	★★★
12	第二横	科纳克里	弗里敦	0.12	0.65	中	190	公路	2.74	★★★
13	第二横	贝宁城	哈克特	1.34	0.65	低	205	公路	2.73	★★★
14	第一横	泽德尔	恩贾梅纳	0.35	0.75	高	860	公水	2.69	★★☆
15	第一横	巴马科	瓦加杜古	0.09	0.75	高	785	公路	2.68	★★☆
16	第四纵	塔马利	阿克拉	0.18	0.35	高	300	公路	2.62	★★☆
17	第二横	阿克拉	洛美	0.37	0.35	低	155	公路	2.59	★★☆

4.5.4 规划建设时序分析结论

几内亚湾区域物流系统的建设本着可持续发展的原则，统一规划、分期实施，现实与目标结合，近期与中远期相结合，保证规划能够顺利实施。综合上述评价结果，本研究认为该区域物流系统建设可分为近期建设阶段、远期建设阶段和远景建设阶段三个阶段。

近期建设阶段：2021—2025年。此阶段也是快速发展阶段，应重点关注科托努—拉各斯、班吉—杜阿拉，哈克特—杜阿拉，杜阿拉—利伯维尔，拉各斯—贝宁城、恩贾梅纳—班吉，恩贾梅纳—杜阿拉，洛美—科托努、金沙萨—利伯维尔、尼亚美—泽德尔、卡诺—阿布贾、科纳克里—弗里敦、贝宁城—哈克特共13条通道的建设。

远期建设阶段：2025—2035年。此阶段作为高效增长阶段，包括了泽德尔—恩贾梅纳、巴马科—瓦加杜古、塔马利—阿克拉、阿克拉—洛美、瓦加杜古—尼亚美、阿布贾—贝宁城、班吉—金沙萨、巴马科—康康、巴罗—达喀尔、亚穆苏克罗—阿比让、康康—科纳克里、康康—弗里敦、巴马科—阿比让、阿布贾—哈克特港、努瓦克肖特—达喀尔、达喀尔—巴马科、尼亚美—科托努、弗里敦—蒙罗维亚共18条通道的建设。

远景建设阶段：2035年以后。此阶段是可持续增长阶段，可进行规划内的剩余通道建设。

第5章

无水港节点选址几内亚湾港口腹地

无水港也被称为内陆集装箱仓库或集装箱货运站，是离港口较远的内陆实现集装箱化的基础设施和基地，通过提供集装箱装卸、存储和关检功能提升进出港口的集装箱和货物物流效率并实现业务增值。无水港作为港口功能向内陆的延伸，是运输系统和国际供应链的关键节点，起到连接区域经济和全球供应链的作用。随着全球范围内无水港建设的快速发展，如何科学地进行区域内无水港选址与布局规划已成为一个亟待解决的问题。

本章在第 2 章、第 3 章和第 4 章的研究基础上，依托几内亚湾港口群、典型港口、集装箱集疏运通道和“一带一路”倡议，针对几内亚湾典型港口腹地，进行内陆无水港的选址、规模、功能等方面的研究，为基于港口群的域内互联互通奠定路径基础。

无水港的合理选址与布局，在降低物流成本、提高物流效率、增强港口竞争力、促进区域经济发展、减少环境污染等各方面都具有重要的意义。对几内亚湾而言，无水港建设的重要意义具体包括：

(1) 促进几内亚湾内陆地区发展

几内亚湾地区如科特迪瓦、加纳等沿海国家发展较快，而内陆地区由于远离港口，经济发展速度明显慢于沿海地区。无水港的建立使内陆地区有了便捷的国际物流通道，使进出口货物的中转和通关速度有所加快，方便的口岸与综合的物流服务可以大幅促进当地的国际贸易及出口加工业。几内亚湾区内陆地区自然资源丰富，通过发展无水港，可以扩大内陆地区的对外开放程度，有助于内陆地区发展外向型经济。

(2) 推动几内亚湾区沿海港口发展

沿海港口赖以生存和发展的基础是内陆地区，港口的建设发展要以内陆城市为后盾。因此无水港的建立不仅能够促进内陆地区的发展，几内亚湾区内陆地区丰富的自然资源贸易也可以进一步带动沿海港口的发展，通过在内陆与港口之间构建无水港，可拓展港口腹地以增加货源，对沿海港口的发展将起到重要支持作用。

(3) 发挥几内亚湾区“两横九纵”港口集疏运通道潜力

本书第 4 章构建的几内亚湾区“两横九纵”港口集疏运通道，能够有效打通从港口至内陆腹地的物流环节。在此基础上，无水港的实施能显著降低区域内运输系统的物流成本。在无水港出现之前，货物从内陆城市运到港口一般采用散装运输，到港口后再拆装箱；即使采用集装箱运输，其容积利用率也不高，不仅造成了资源浪费和港口压力，还阻碍了集装箱化的发展。因此，建设无水港能够进一步发挥几内亚湾区“两横九纵”港口集疏运通道的运输潜力。

基于前述章节的研究成果，本章将对几内亚湾港口腹地内无水港的选址与服务范围划分进行研究，并提出无水港节点选址建议，具体研究内容如下：

1）确定内陆无水港物流节点选址和规划布局方法与原则，收集现有内陆物流节点规模、区位交通水平、区域经济总量、运输消耗等服务能力量化数据，估算目标年物流需求总量数据；

2）确定新建无水港数量、规模和功能的可行方案；建立以新建无水港总物流成本最小为目标的评价函数，利用迭代方法进一步优化新建的无水港的位置与可行配置组合；

3）选取无水港服务能力影响因素，量化无水港服务能力；构建内陆无水港物流系统节点选址的优化模型，划分无水港空间服务范围。

本章选用的研究方法主要包括计量经济学模型和加权 Voronoi 法，具体技术路线如图 5-1 所示。

5.1 几内亚湾区无水港建设现状分析

5.1.1 几内亚湾已有无水港情况

目前几内亚湾地区运输走廊沿线运营中的无水港有：布基纳法索的博博迪乌拉索无水港，贝宁的 Zongo 和 Allada 无水港、尼日利亚的 Kaduna 无水港以及加纳的博恩克拉无水港等。当地政府与融资和发展战略伙伴合作，在运输走廊沿线发展无水港，享受其发展带来的优势。典型的例子包括布基纳法索的博博迪乌拉索无水港、尼日尔的多索无水港、贝宁的帕拉库无水港。

在几内亚湾地区，无水港发展动力在很大程度上取决于该国家是沿海国家还是内陆国家。对于有海港的国家而言，无水港的动机是为内陆邻国服务。尼日利亚无水港的运营始于 1979 年，由尼日利亚内陆集装箱有限公司负责管理。目前尼日利亚有两个无水港，即位于该国北部的 Kano 和 Kaduna 无水港。这些无水港是作为海港的延伸而建立的，可以在尼日利亚港口管理局的指导下运作，可为内陆及其邻国提供货运服务。除了以上两个无水港以外，还有 6 个尼日利亚无水港建设项目已获得批准，并且通过了政府的项目建设可

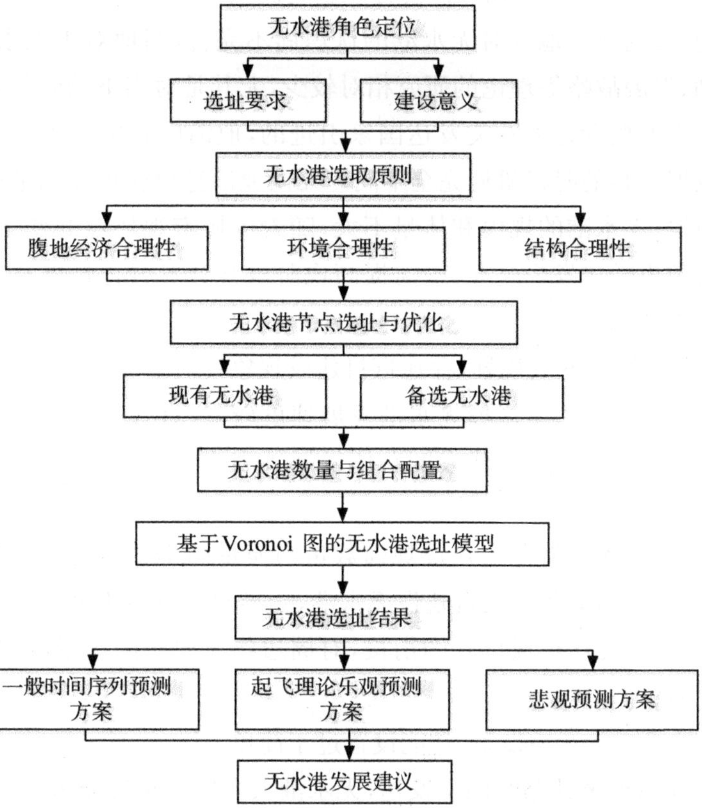

图 5-1　几内亚湾港口腹地无水港选址研究技术路线图

行性研究报告，由联邦交通部无水港实施委员会将经营权下放给私营物流公司。

5.1.2　几内亚湾无水港建设现存问题

几内亚湾沿岸海港腹地物流的特点是在有海港的国家和内陆国家之间进行长途货运周转。建设无水港可降低物流成本，减少环境污染，但无水港的具体实施面临资金缺乏、管理能力不足和多式联运基础设施落后等问题，导致无水港数量严重不足以及分布的“碎片化”。几内亚湾区域的无水港建设正处于起步阶段，各个国家对无水港的功能与布局缺乏合理的认识，规划与建设也没有科学的指导依据，建设时存在一定的盲目性。目前，当地无水港建设主要面临着以下几点问题。

（1）理论研究相对滞后，社会背景意义认识不全面

目前，几内亚湾地区对无水港的认识尚不完善，当地对于无水港的内涵、布局规划、发展战略等理论的研究相对较少，尤其是对当下的时代意义认识不足。无水港的概念是从欧美发达国家引进的，但湾区各国无水港的发展与欧美国家发展面临的时代机遇完全不同。几内亚湾港口腹地无水港的建设尚处于起步阶段，无水港的规模和体量不大，随着区域宏观环境的变化，无水港的意义和定位也随之发生改变，亟需提高现阶段社会发展背景下对无水港时代发展意义的认识。

（2）缺乏统一发展规划，存在盲目建设现象

目前几内亚湾沿岸区域无水港发展速度较慢，且各国或沿海港口自行建设、各自为政，缺乏无水港建设的总体发展规划或发展指导纲要，缺乏无水港发展的科学依据。

同时，域内无水港存在建设规模数量与质量的不平衡现象。在经济基础条件欠发达地区，无规划投资建设无水港，会导致部分无水港与区域内的物流园区、货运枢纽无法形成良好的衔接，对周边物流要素的集聚效用不明显，造成资源浪费。

（3）缺乏有效运输设施，功能设置过于简单

几内亚湾地区铁路线网不发达，无水港大多以公路集疏运为主，缺乏铁路运输的基础设施，仅部分铁路线可服务于无水港的建设与运营，该现状导致大多数无水港处理能力不足，未能形成具有一定辐射作用的物流枢纽。

同时，域内目前已建设运营的无水港功能设置相对简单，大多以清关、仓储功能为主，服务能力有限。随着社会经济的发展，这些服务功能已经无法满足日益增加的多样化客户需求，对未来无水港的发展形成制约。

（4）投资方式单一，运营低效，协调管理不细致

现阶段区域内无水港的投资方式单一，尚不具备引入多方资本投资的条件。单一的投资模式制约了沿海港口、物流企业和无水港在信息共享、功能服务等方面的发展，大大降低了无水港运营效率。

另外，已经建设运营的无水港在建设、管理方面仍存在一定的分歧，造成无水港与地方物流园区、货运枢纽和沿海港口在对接过程中出现同质竞争、争抢货源、相互压价等现象，缺乏一个综合协调、科学管理的机制和机构，以解决无水港建设和发展中出现的问题。以尼日利亚为例，其联邦交通部根据尼日

利亚托运人理事会的建议，批准开展无水港特许经营的可行性研究。在尼日利亚联邦交通部的监督下，政府授予 6 家公司特许权，允许在 Kano、Kaduna 等地建设和经营无水港。然而，在所谓的特许经营 10 多年之后，无一无水港成功运作。联邦政府、州政府、尼日利亚托运人理事会、尼日利亚铁路公司和特许权所有人相互指责和推卸责任，且从管理层到执行层都存在着腐败现象。

5.1.3　几内亚湾港口腹地无水港建设 SWOT 分析

基于几内亚湾无水港建设的现状，结合世界其他地区无水港建设的成功经验和失败教训，得出几内亚湾无水港建设的优势与劣势、机遇与挑战，以及相关战略如表 5-1 所示。

表 5-1　几内亚湾无水港建设 SWOT 分析

	优势——S ①具备密集的公路与铁路线网； ②良好的经济条件与工业基础； ③与海港的密切联动	劣势——W ①铁路货运占次主导地位，发展起步较晚，产业结构相对单一； ②缺乏对无水港系统的理论认识； ③缺乏统一规划指导； ④政府参与度低，未能积极倡导； ⑤民众支持度较低； ⑥选址不合理，需要考虑因素众多； ⑦投资模式单一，缺乏多方面团结协作； ⑧缺乏完善的交通基础设施支撑
机遇——O ①“一带一路”倡议支持； ②铁路运输成本较高，海铁联运经济负担较低； ③沿海港口腹地拓展的机遇； ④传统海关监管模式问题日益突出，急需转型升级； ⑤物流服务的市场需求量大	S/O 战略 ①在“一带一路”倡议的良好机遇下，大力推动交通基础设施建设(S1，O1，O2)； ②提高物流运输效率，利用港口腹地资源(S2，O3)； ③充分发挥无水港和海港的优势，促进物流产业转型升级 (S3，O4，O5)	W/O 战略 ①积极发展铁路货运，发挥海铁联运优势(W1，W2，O1，O2)； ②积极利用港口腹地资源，加强政府推广和民众宣传(W3，W4，W5，O3)； ③加快监管模式转型，团结各决策方，发展可持续性物流模式(W6，W7，W8，O4)； ④完善交通基础设施功能，满足日益增长的物流需求(W9，O5)

续表

威胁——T ①国际航运形势严峻，贸易增速趋缓； ②区域无水港间的竞争； ③非洲其他港口的竞争； ④国际物流企业的竞争	S/T 战略 ①制定适宜该地区发展的物流策略，发挥多式联运的优势（S1，S2，T1）； ②整合无水港资源优势，从地理、政策等环境出发，找到适合该港发展的生态环境（S2，T2，T3）； ③根据进出口货物种类，合理调度，寻觅合适的合作伙伴（S3，T4）	W/T 战略 ①从多式联运角度出发，发挥多种运输方式优势，完善基础设施建设，统筹协调发展（W1，W2，W7，W9，T1）； ②寻求科学理论指导，制定合适统一的政府指导方针，统筹各方利益，规范市场秩序（W3，W4，W5，W6，W8，T2，T3）； ③多元化投资模式，加强国际交流，并进行规范化运营和管理，构建和谐市场经济（W3，W4，W5，W6，T2，T4）

注释：S/T 战略表示采取措施利用几内亚湾港口的优势减弱存在的威胁，其他三个战略类似。S1 表示战略考虑的因素。

5.2 几内亚湾港口腹地无水港节点选址与优化

近年来，随着几内亚湾沿岸各国经济的发展，公铁线路与城市物流园区建设进度明显加快，为区域发展多式联运提供了设施基础。当然，内河航运作为一种传统的运输方式，其载重量大、成本低、投资小，适于担负大宗、低值、笨重和各种散装货物的中长距离运输，目前仍是该区域内重要的运输方式之一。

利用几内亚湾沿岸区域内的无水港与公铁水运输网络开展多式联运，能够优化港口集疏运系统结构，有助于提升海港的辐射能力和衔接转换水平，缓解区域物流运输服务压力，降低综合物流成本。

5.2.1 新建无水港选址条件分析

为保证新建无水港备选点具有更广阔的服务范围，同时带来更大的经济效益，备选点选址时须遵循以下条件：

1）备选点的数量应依据所在国经济与物流行业发展水平进行调整；

2）无水港选址不应局限于沿海地区，内陆地区同样应当设置足够的备选点；

3）无水港的备选点应具有明显的地理优势，便于带动腹地范围内物流业的发展；

4）无水港备选点进行物流服务的辐射影响区域应当足够大。

5.2.2 已有无水港情况

目前，几内亚湾沿岸海港腹地内形成规模的无水港节点有 8 个，其典型特征为物流配送园区，负责货物的中转存放与运输，初步具备无水港的功能。针对当前建设现状，在无水港设施布局优化过程中，新的无水港设施选址主要是在初始节点的基础上进行多点备选。初始无水港节点所在城市及位置如图 5-2 和附表 3-1 所示。

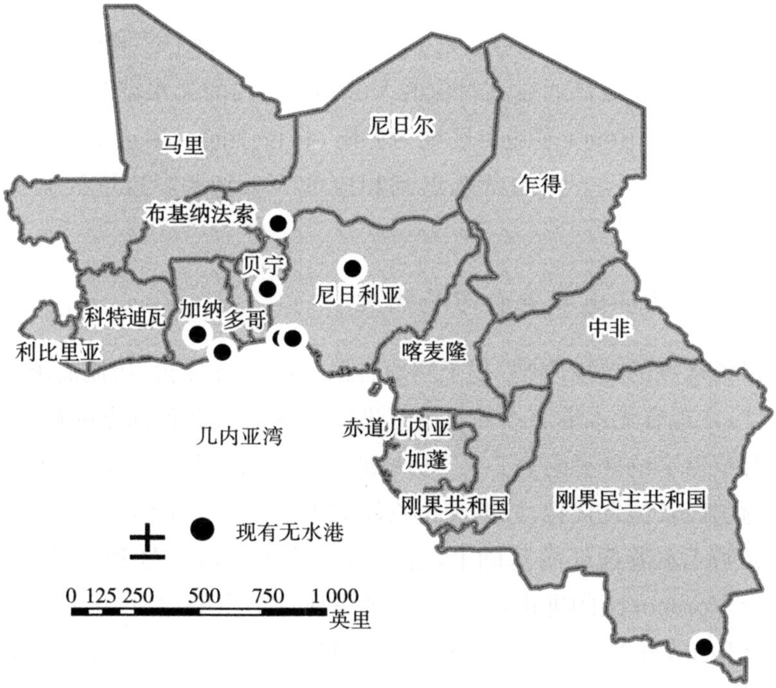

图 5-2　无水港初始选址节点示意图

5.2.3 新建无水港数量与配置组合

无水港建设规划过程中，首先通过几内亚湾区域内的目标年物流服务能力等信息确定各国新建的无水港的个数。在无水港个数范围确定的情况下，参考国内外研究经验，选择比较合理的新建无水港数目和服务能力的配置组合方案。

新建无水港个数范围确定的情况下，基于上述国家和地区的无水港建设经验，选择一种适用于该区域的无水港配置方法，在满足服务能力的前提下以整体投资费用最小为目标，自行设置几组合理的新建无水港服务能力的配置组合方案。

5.2.4 区域划分思路

1）将几内亚湾沿岸海港腹地划分为若干小区，以各国集装箱生产量作为物流需求，以各国形心为基点，确定小区内物流密度分布的重心，以此作为物流需求点，假设所有物流都经过物流需求点。

2）以物流需求点为控制点，建立 Voronoi 图，将整个区域划分为 n 份。每个物流需求点的物流都通过其对应的 Voronoi 图内的无水港节点进行分配。

3）以各个 Voronoi 多边形区域为界限，将位于同一多边形内的无水港备选站点划分为一组，一组的备选点到相应的 Voronoi 多边形控制点的距离最短。

5.2.5 无水港备选节点和布局优化

依据备选点的选址原则，基于腹地各国家的经济现状、物流需求与交通设施便利性，在现有无水港节点的基础上进行新建无水港备选点的初始选址，选址结果与节点定位详见附表 3-1。初始的备选点将置入下节给出的模型中，进行点位筛选以及位置优化，以期获得物流成本最小的选址结果。

在初始无水港选址的基础上，进一步优化无水港选址和资源配置方案。采用结合 Voronoi 图的进化策略算法，考虑所选节点的建设、运营、运输成本，选择最优地址，将多物流节点选址转化为基于 Voronoi 图的分区物流节点优化选址。选址布局优化流程如图 5-3 所示。

5.2.6 无水港选址结果

在进行无水港备选点筛选前，首先需要确定无水港运输距离，并计算运输成本。根据湾区各国 GDP 经济数据，依据无水港的建设成本及运营成本标准，确定各备选点具体建设运营成本。

（1）基于一般时间序列预测的选址结果

本书第 4 章对几内亚湾区域集装箱生成量进行了一般时间序列预测，基于此数据，利用 ArcGIS 生成物流控制点进行小区划分。同时，将无水港已有、

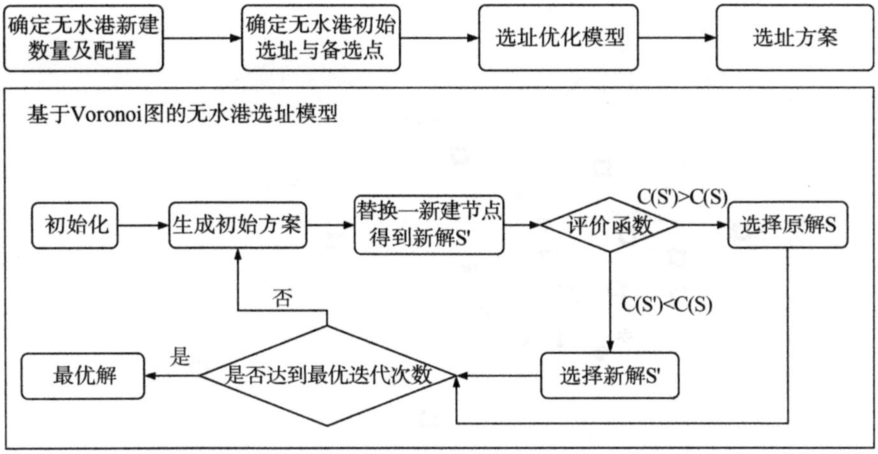

图 5-3　基于 Voronoi 图的无水港选址布局优化流程

备选点数据导入图中，采用上节提出的算法对备选点进行筛选与选址优化，绘制几内亚湾区域各小区备选点优化选址 Voronoi 图。筛选得到无水港选取点的相关信息及地理位置，如图 5-4 和附表 3-2 所示。

从无水港备选点的选址结果可知，本研究共选取 21 个无水港作为备选节点，分布于几内亚湾沿岸海港腹地的各个国家，无水港总吞吐规模为 713.3 万 TEU。结合已有无水港，从整体来看，可以看出无水港备选点主要分布于尼日利亚、加纳、贝宁、布基纳法索等城市，且大都位于首都城市或者经济重镇，是当地的公铁枢纽，附近有国际机场，交通非常便利。另外，筛选的无水港备选点位置呈现以沿海为中心、向内陆辐射的特征，其原因可归结为沿海国家经济发展更快，物流需求量更大。

从筛选结果来看，相当一部分备选点沿河道分布，如位于尼日尔河沿岸的巴马科和加奥等，位于乌班吉河沿岸的班加苏以及位于刚果河沿岸的金沙萨。几内亚湾沿岸区域主要出口农作物和矿产资源等大宗货物，进口机械设施，以内河航运为基础的货物多式联运在一定程度上可以降低物流成本。

以尼日利亚为例，作为西非区域经济最发达的国家之一，其 2014—2018 年的进出口货物量约占据西非区域的 48.64%，对于物流服务的需求远高于其他国家。该国现有的 3 个无水港节点，新建无水港的最大需求个数为 2，利用节点优化选址方法，共得到洛科贾和吉梅塔两个备选点。其中，洛科贾位于尼日尔河沿岸，为公路枢纽；吉梅塔位于贝努埃河沿岸，并且是该区域的重要河

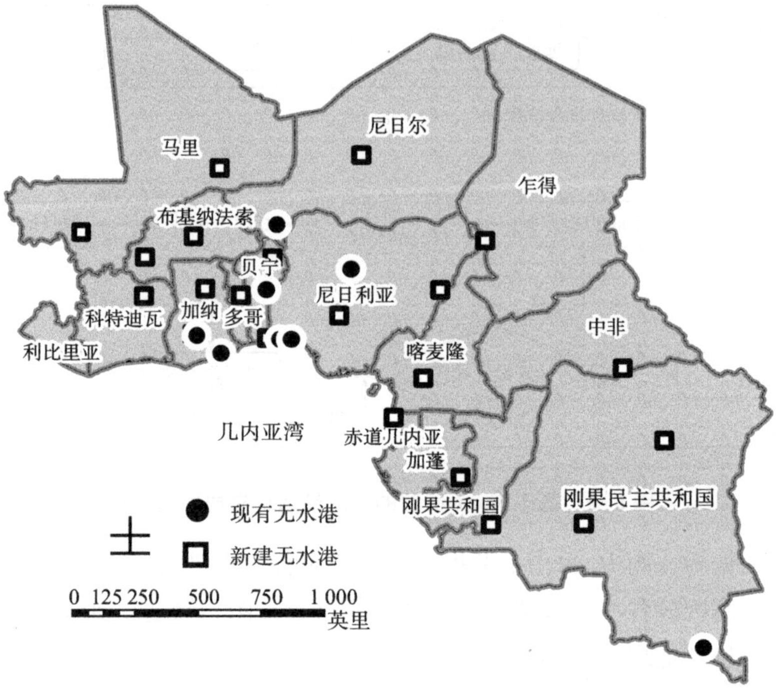

图 5-4 基于一般时间序列预测的无水港选取点示意图

港，附近建有机场。

尼日尔河全长约 4 200 公里，通航河段占全河长度的 75%，可用作水运通道；贝努埃河是尼日尔河的最大支流，全长 1 000 多公里，除干季外均可通航。同时，贝努埃河中下游地区是尼日利亚重要的商品粮基地和产盐地。将这两个节点作为备选点，毫无疑问将提升该区域内物流行业的竞争力，促进区域经济发展。

由此可见，利用基于 Voronoi 图的分区物流节点优化选址方法进行无水港备选点筛选，筛选点的功能定位及分布特征与区域经济情况及物流行业发展现状的契合度较高，具有一定的实际操作价值，能够为当地运输企业或管理部门制定无水港节点选址方案提供决策支持。

(2) 基于起飞理论乐观预测的选址结果

基于起飞理论预测生成的无水港选取点的相关信息及地理位置见图 5-5 和附表 3-3。

从无水港备选点的选址结果中可知，本方案共选取 21 个无水港作为备选

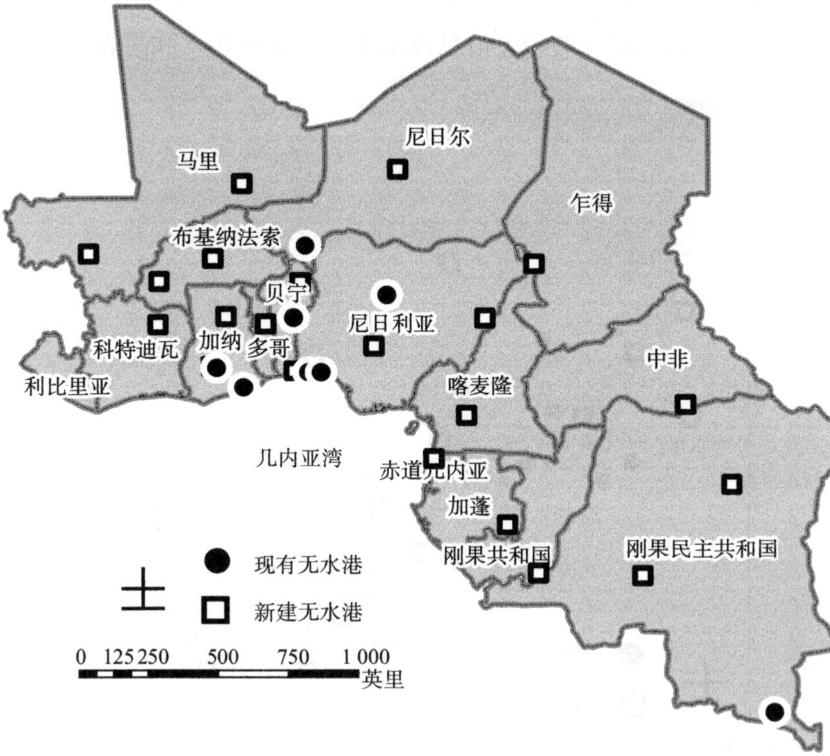

图 5-5　基于起飞理论预测的无水港选取点的示意图

节点,在数量和节点位置上与一般时间序列预测结果的选址结果无出入,但是其规模远远大于前者,其中以尼日利亚的洛科贾和吉梅塔规模最甚。作为西非区域最大的经济体,该国无水港的规模要远大于区域内的其他国家,其次是科特迪瓦的布瓦凯和刚果共和国的布拉柴维尔。随着经济的发展,区域内的运输网络将逐渐完善,节点选址结果对内河航道运输的依赖也将逐步减小。另外,当经济形势转好后,各国的物流需求将大大增加,为更好地服务沿岸各国尤其是内陆国家的物流运输活动,各国将纷纷开始新建规模更大的无水港。

(3) 基于悲观预测的选址结果

几内亚湾区部分国家真实发展指数(GPI)排名偏高,国内社会安全形势严峻。21 世纪以来,几内亚湾海盗活动进入了一个高峰。至 2013 年,几内亚湾已超过索马里周边海域,成为非洲海盗活动最为高发的地区,不安全不稳定因素为航运市场带来了经济损失和人身安全威胁的严峻挑战。因此,参考几内亚湾航运市场的消极因素，对建设成本与运营成本标准作悲观预测，基于悲观预测生成的无水港选取点的相关信息及地理位置见图 5-6 和附表 3-4。

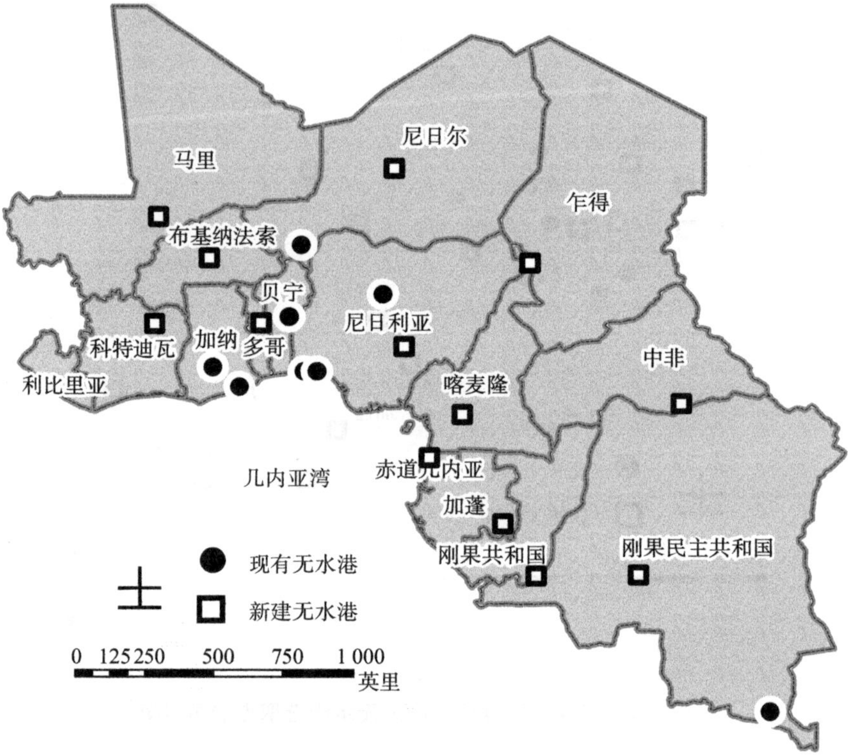

图 5-6　基于悲观预测的无水港选取点的示意图

悲观的经济发展情况下，无水港选址节点个数明显低于一般时间序列预测和起飞理论预测的选址结果。在选择的无水港节点中，喀麦隆的奥巴拉节点规模最大，其毗邻萨纳加河。其次是刚果民主共和国的伊莱博，位于开赛河右岸，是首都金沙萨和沙巴区间水陆联运的重要中转站，河运经开赛河通往刚果河下游地区。再其次是加蓬的弗朗斯维尔，其位于奥果韦河上游右岸。可见，悲观经济环境下，无水港的新建将会受到限制，且大规模的无水港节点对航道运输的依赖性更大。

(4) 选址结果小结

从三种方案的选址结果来看，经济情况的变化对无水港节点的规模影响最大，其次是无水港节点个数，表明几内亚湾沿岸海港腹地内无水港的建设与发展受到经济和物流规模的制约。可以预见的是，若腹地区域在未来的一段时间内经济快速发展，带动物流需求量增加，无水港新建个数与规模开始扩张，这种情况又推动了物流行业的发展，形成良性循环。反之，如果经济发展迟滞，物流行业无法形成有利的发展条件，无水港建设进度也将会停滞。另外，根据选址结果来看，在一般时间序列和悲观预测背景下，无水港主要依托尼日尔河、刚果河等河流而建。可见，水运网络作为腹地运输的命脉，是该区域最主要的物流运输载体。但是，在未来的一段时间内，随着“一带一路”倡议的推进以及非洲自身经济的发展，公路、铁路建设进度加快，水路运输的比重将出现降低(但运量会保持增长)，而逐渐密集的“公-铁-水”多式联运网络将与无水港一起，为港口腹地提供更加高效、经济的物流服务，推动区域经济发展。

以上三种选址方案是基于几内亚湾区未来不同的经济、物流发展方向，给出的有针对性的无水港建设方案。各方案的选取背景如下：

1) 基于一般时间序列预测的无水港选址：沿岸区域的经济发展维持现状速度，与各行业联系紧密，区域内各国的物流需求保持稳定的增长趋势，需要在港口腹地建设一批无水港处理来自港口的货物；

2) 基于起飞理论预测的无水港选址：疫情结束，海盗持续受到打击，“一带一路”倡议在区域各国得到高效落实。此时，区域物流行业迅速发展，需要建设数量更多、规模更大的无水港以优化物流系统中运输与转运等作业；

3) 基于悲观预测的无水港选址：因疫情、社会稳定和海盗等悲观因素造成的社会经济的持续低迷，导致物流需求量出现徘徊或萎缩。此时，保留必要的无水港节点进行货物保税和转运，以维持区域物流行业正常运转。

5.3　几内亚湾港口腹地无水港发展建议

针对几内亚湾沿岸海港腹地内无水港发展面临的挑战，结合无水港选址优化结果，对该区域无水港未来的发展提出以下建议。

(1) 加强联盟对腹地内无水港的统一规划与管理，引导无水港健康发展

几内亚湾无水港的建设正处于发展初期，缺乏宏观规划，发展无序。针对

这一问题，建议各国政府参考尼日利亚无水港建设的经验与教训，组建几内亚湾区无水港实施委员会联盟和托运人委员会联盟，加强对无水港的统一规划与管理。首先，下放区域内无水港的建设权与经营权，同时鼓励私营企业、民营资本与政府公共部门进行合作，参与无水港的建设与运营。其次，联盟积极探索有效的无水港管理机制，协调政府、企业及各相关方面的利益，发挥政府与市场的联动作用，充分调动无水港发展的积极性。再者，联盟内各国应当依据自身国情以及经济发展需求，选择合理的无水港发展模式，实现政府部门和私营企业的收益最大化。

另外，政府、联盟、运输公司和私营企业需明确自身的角色定位与相应责任，政府在下放建设权与经营权的同时，应加强对私营企业的监督，避免企业在无水港项目建设或经营过程中出现贪污，造成经济损失。同时，联盟应成立相应的监督委员会，加强对各成员国的监督，避免因管理层的腐败而导致无水港项目发展的停滞不前。

(2) 进一步完善无水港基础设施，在港区内适当发展增值服务功能

铁路运输和公铁水多式联运是国际上众多无水港维持良性发展的必要基础条件，但目前建设与运营的四个无水港基本不具备这一条件。因此，有必要进一步优化几内亚湾港口腹地各国无水港的基础设施，加快无水港铁路专用线路的建设。不具备铁路引入条件的无水港，应通过整合现有交通运输、物流等基础设施，提高基础设施的服务功能。若该无水港所在的区域具备一定的基础条件，可设置加工、包装、保税、信息交易等增值服务功能。同时，联盟应当采取经费支持、税收减免等刺激性政策，鼓励港区内发展增值服务功能，引导无水港成为几内亚湾港口腹地各国物流体系和港城联动发展的重要节点。

(3) 探索有效的海港-无水港联合运营模式，击破各国无水港发展瓶颈

联盟若想击破制约几内亚湾区域各国无水港发展的瓶颈，除了加强对无水港的统一规划、管理与升级外，还需要确保无水港能通过公路铁路、内河港口等与海港相连，突破地理条件的束缚。可参照中国贵州大龙无水港、广西钦州保税港等无水港的发展经验，充分利用区位优势和政策优势，调动区域内的运输资源，构建海港、内河港、无水港联动运营模式，为几内亚湾区域国家特别是内陆国家争取更多的经济发展空间。

首先，依托沿海港口的规模优势，以“海港”为龙头，以“无水港”为主要连接点，以公路铁路网络、内河港、边境口岸、产业园区等为端口，构建通关便利、

功能完善的现代化综合无水港区，实现海港、内河港、无水港三者之间的功能联动、信息联动和营运联动。

其次，借助沿海港口延伸内陆的功能，进一步增强港口对内陆腹地的辐射作用。同时，打破几内亚湾地区内陆国家的地理局限，形成对外开放大通道，为几内亚湾地区各国融入“一带一路”经济带奠定基础。

第6章

结论与建议

6.1　结论

以几内亚湾港口物流发展为研究对象，基于大湾区经济发展概念提出顶层设计思路，运用复杂网络模型、SWOT 分析、改进引力模型、配流仿真和加权 Voronoi 图等一系列科学方法，通过筛选、透视几内亚湾区经济、环境、交通等基础数据，分析湾内主要港口的腹地范围，明确其定位，针对功能重合和低效竞争问题进行合理优化；基于湾区集装箱货运需求预测，识别区域核心物流节点，从顶层设计的角度合理构筑湾区主要港口集疏运体系；在物流节点和集疏运体系的基础上，进行腹地无水港的选址和布局优化，为几内亚湾地区的港口物流发展提供理论和决策支持，并为国内优势产能转移提供路径依据。几内亚湾港口腹地、物流通道及无水港选址如图 6-1 所示。

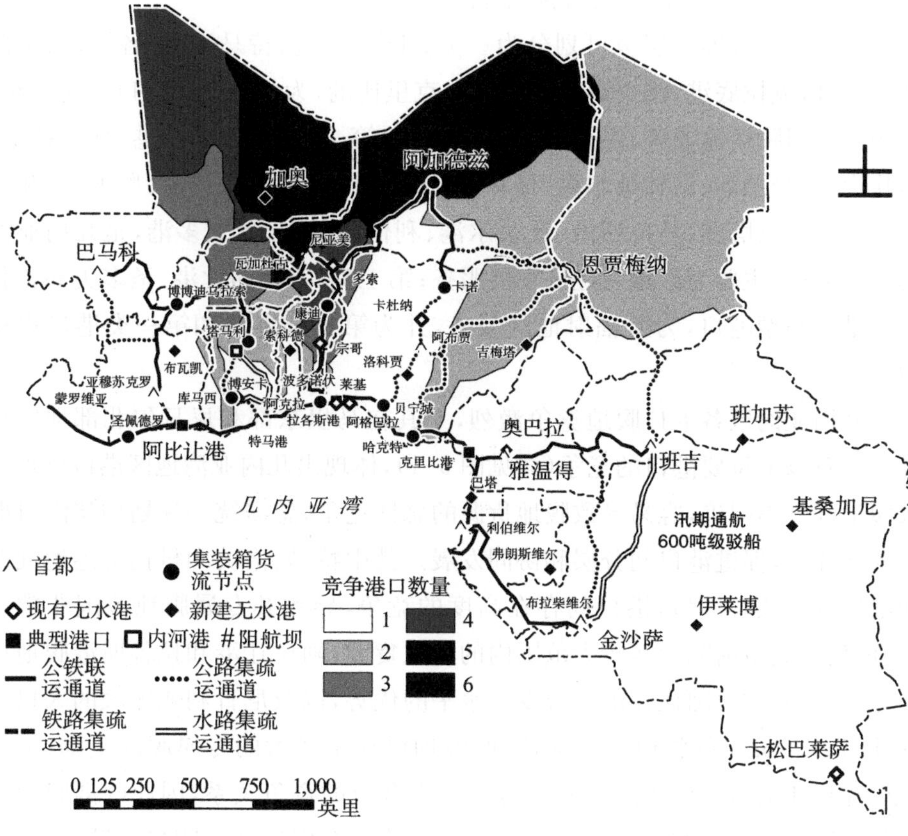

图 6-1　几内亚湾港口腹地、物流通道及无水港选址示意图

(1) 几内亚湾的大湾区特性

几内亚湾的大湾区特征较明显:是非洲最大的港湾,海岸线绵长,水深条件较优越;该地区资源存储量居于世界前列;几内亚湾区内有非洲人口最多的国家尼日利亚,拥有丰富的人力资源;从经济实力来看,湾区内国家的 GDP 排名在非洲较靠前;湾内主要港口虽然集装箱泊位等级低,但拉各斯港、阿比让港、特马港和洛美港在整个非洲西海岸地位较突出。几内亚湾地区的港口和沿海城市已初现湾区发展的港口群经济雏形,具备大湾区建设的一定基础。

相较于纽约湾区、东京湾区等发达湾区,目前几内亚湾还存在非常大的差距。整体发展水平较低、体量不足,尤其是其物流基础设施建设欠缺,严重制约了城市和地区发展;同时,面临多国家、多政体、多文化等一系列挑战,急需科学的顶层规划设计。

(2) 几内亚湾港口层级与腹地范围

几内亚湾区港口层级可划分为三类。阿比让港、特马港、拉各斯港、圣佩特罗港、塔克拉底港、洛美港、科托努港、克里比港,为几内亚湾港口物流枢纽,承担主要国际运输业务,系未来发展的重点;第二类:蒙罗维亚港、杜阿拉港、布坎南港、哈珀港、格林维尔港、佩梅港、卡拉巴尔港、哈克特港、奥纳港、瓦里港、林贝港、巴塔港、马拉博港、让蒂尔港、利伯维尔港、奥文多港,是几内亚湾的重要港口,主要为区域内经济发展服务;第三类:普林西比港、圣多美和普林西比港等小型港口,为所辐射地区服务,并为第二类港口和第一类港口提供喂给。

几内亚湾区各港口腹地竞争激烈,尤其在马里东部和尼日尔北部地区存在 5 个及以上重要港口的竞争(详见图 6-1),体现出几内亚湾地区港口群现阶段腹地划分不明确,容易导致腹地货源的恶性竞争,急需统一规划构建港口群集疏运体系,促进港口间分层和协同发展。其中特马、洛美和科托努港地处西非港口群的核心区域,港口间存在高度的竞争,导致其专属腹地范围非常有限,但仍可竞争内陆地区较大范围内的腹地货源;阿比让港和拉各斯港腹地竞争相对较小,加之阿比让港综合发展水平的优势,以及尼日利亚庞大的人口和 GDP 带来的充足的腹地货源支持,两港均俘获了较大的专属腹地范围;中非地区克里比港由于周边港口未能与之形成有效的竞争关系,因此两港腹地划分相对明确,腹地货源竞争并不显著,未来若没有周边港口明显的转型升级,拉各斯港和克里比港分别服务于尼日利亚国内和中非广阔腹地的现状将继续维持。

(3) 几内亚湾区货运需求和物流通道布局

根据一般时间序列预测,加纳、科特迪瓦和尼日利亚的集装箱生成量较大,其物流运输需求较大,是几内亚湾区域中需要重点关注的国家。几内亚湾沿岸出口集装箱生成量数据显示,以25万TEU/年的科特迪瓦和12万TEU/年的加纳最多,两国都拥有良好的港湾资源,为其出口提供极大便利。进口集装箱生成量方面,尼日利亚以90万TEU/年的生成量处于领先地位,43万TEU/年的加纳和34万TEU/年的科特迪瓦紧随其后。同时,贝宁和布基纳法索,由于体量较小,集装箱的进出口生成量均不是很高,但有较大的发展潜力。即使是在不良竞争、政治局势和区域安全因素影响的消极预测中,科特迪瓦、加纳和尼日利亚三国依旧表现出巨大的物流需求,几内亚湾区域的核心节点特征显著。

针对几内亚湾地区基础资料匮乏、基础设施落后、现有通道不健全的典型特征,本研究独创了大尺度物流通道三阶段规划法,适用于非洲及东南亚等基础数据缺乏的国家和地区。运用该方法设计了"两横九纵"的几内亚湾典型港口货运干线通道及其最优通过能力,具体包括:努瓦克肖特—拉各斯—哈克特—杜阿拉—马坎达—利伯维尔横向运输通道;努瓦克肖特—巴马科—尼亚美—阿加德兹—贾恩梅纳横向运输通道;巴马科—弗里敦—科纳克里纵向运输通道;弗里敦—阿比让纵向运输通道;阿加德兹—尼亚美—科托努纵向运输通道;巴马科—阿比让纵向运输通道;瓦加杜古—特马纵向运输通道;阿加德兹—拉各斯—哈克特港纵向运输通道;阿布亚—恩贾梅纳纵向通道;杜阿拉—雅温得—班吉纵向通道;利伯维尔—金沙萨纵向通道(详见图6-1)。并结合经济性指标、时效性指标和环境友好性指标,对博博迪乌拉索—阿比让、瓦加杜古—特马、卡拉巴尔—蒙登巴和泽德尔—贾恩梅纳段的现有通道建设和路网结构进行了适应性分析,提出了优化方案。

物流通道在扩容时可以选择单纯对公路扩容使用公路运输方案,或在现有道路的基础上新建铁路实行公铁联运方案;在不考虑征地的情况下应在容量需求比较大的通道尽可能选用新建铁路作为主要运输模式,充分发挥公铁联运的优势,节省区域物流成本;考虑到水运对于经济性和环境友好性的贡献,在几内亚湾地区存在着尼日尔河、沃尔特水库、乍得湖和沙里河等优质水运资源,在满足通航的条件下,应当尽可能地发挥水运资源的优势,考虑将公铁水联运作为几内亚湾典型港口集疏运系统的建设方案。

(4) 几内亚湾无水港布局

本研究共选取 21 个无水港作为备选节点，分布于几内亚湾沿岸海港腹地的各个国家，无水港总吞吐规模为 713.3 万 TEU。结合已有无水港，从整体来看，可以看出无水港备选点主要分布于尼日利亚、加纳、贝宁、布基纳法索等国的沿海城市，且大都位于首都城市或者经济重镇，是当地的公铁枢纽，附近有国际机场，交通非常便利(详见图 6-1)。另外，筛选的无水港备选点位置呈现以沿海为中心，向内陆辐射的特征，其原因可归结为沿海国家经济发展更快，物流需求量更大。从筛选结果来看，相当一部分备选点沿河道分布，主要依托尼日尔河、刚果河等河流而建。

6.2 几内亚湾港口物流发展建议

(1) 增强港口的联通性，建设大湾区

规划建设几内亚大湾区，打造具有全球竞争力的营商环境。成立国家层面的几内亚湾大湾区协同发展委员会，并在探索加快推进港口城市基础设施的协调和完善、加紧制定专项合作规划项目及其统筹协调、引领产业格局、推进广大湾区民众参与建设等几个方面做出努力。创新合作体制机制，优化跨区域合作创新发展模式；构建协同发展现代产业体系，加快向全球价值链高端迈进。

设立几内亚湾港口管理委员会，代表沿岸各国家发挥统一的指挥、协调、管理职能，加强港口群跨区域协调管理，加强港口管理机构和地方政府之间的联系和协调，改变行政体制分割、多头管理的模式。统筹布局，对各港口进行精确定位，合理分工，优势互补，实现湾区港口群能力和效益的最大化，促进区域内港口良性竞争与共同发展。同时借助核心国家核心港口的引领和辐射功能，带动整个区域的经济发展。推动港口一体化，加快几内亚湾沿岸岸线联动开发，强化几内亚湾区域港航协同发展机制，鼓励以港航龙头企业为主体开展区域合作。

(2) 加强国际合作，推动中非共同体发展

科特迪瓦、贝宁、多哥、加纳都处在象牙海岸，经济与其他国家相比较为发达，港口物流便捷，在产能合作竞争力上具有一定优势。建议先行加大引入外资力度，进行产能合作，调整产业结构，为几内亚湾区其他国家建设提供示范。

在“一带一路”倡议和“非洲发展新伙伴计划”等发展机遇下，几内亚湾港口群应抓住重要机遇，重视与中国建立友好外交关系，发挥自身优势，制定适合自身的发展战略，加大吸引外资力度，汲取先进港口发展经验。同时，日益重视与邻近的国家建立友好关系，以维护地区和平稳定。

(3) 加快物流基础设施建设，健全和完善集疏运系统

加纳、科特迪瓦和尼日利亚的集装箱生成量较大，其物流运输需求强烈，是几内亚湾区域中需要重点关注的国家，几内亚湾区域的核心节点特征显著。

几内亚湾地区基础设施的大力建设和货运需求逐渐增加对物流系统提出了更高要求。参与经济全球化，集装箱化是必经之路。为尽快提升湾区经济，应加快各个国家内部的交通基础设施建设，同时合理规划设计跨境交通设施，构建高效的港口群、无水港、城市综合交通网络以及现代货运物流体系，以港兴流、以流促港，从而实现区域一体化，使湾区内的物流、人才流、技术流以及资金流等都能在更短的时间内完成配置与投放，提高湾区内部交通运输服务水平。

(4) 加快建设无水港，承接全球新一轮的产业转移

加强联盟对腹地内无水港的统一规划与管理，引导无水港健康发展。组建几内亚湾区无水港实施委员会联盟和托运人委员会联盟，加强对无水港的统一规划与管理。

进一步完善无水港基础设施，积极发展增值服务功能。加快无水港铁路专用线等基础设施的建设，不具备铁路引入条件的无水港，应通过整合现有交通运输、物流等基础设施，提高基础设施的服务功能。同时，联盟应当采取经费支持、税收减免等刺激性政策，鼓励港区发展增值服务功能，引导无水港成为几内亚湾港口腹地各国物流体系和港城联动发展的重要节点。

探索有效的海港-无水港联合运营模式，击破各国无水港发展瓶颈。充分利用区位优势和政策优势，调动区域内的运输资源，构建海港、内河港、无水港联动运营模式，为几内亚湾区域国家特别是内陆国家争取更多的经济发展空间。

(5) 加强人才培养和引进，建立湾区创新机制

人才聚集是大湾区独特的文化，全球四大湾区能够达到今天的成就与人才转移有着密切的联系。几内亚湾区要实现可持续发展，必须加大教育投入，培养具有各种专业背景的人才，同时出台人才引进政策，建立更加完善的人才

聚集制度，实现科技成果转化。建立湾区创新机制，通过建设高水平大学和科研机构产生涓滴效应，加快湾区产业由劳动密集型向资本和技术密集型过渡和转变。

(6) 关注区域安全，营造良好的海上运输环境

打击几内亚湾海盗问题迫在眉睫。几内亚湾国家、航运公司以及国际组织应建立联合反海盗机制，加强合作沟通，实现优势互补、资源互惠，共同解决海盗问题，营造安全良好的海上运输环境。

总而言之，湾区的发展首先是港口群和物流系统的发展。而几内亚湾区域物流系统规划的重点，是基于港口腹地范围和竞争关系，构建重点港口的集疏运体系，合理布局无水港，促进港口间分工合作、错位发展，形成合力，通过与“海丝之路”航运网络的连接，融入世界主流港口航运网络，全面提升几内亚湾港口群对区域经济发展的带动作用。

附录

附录 1　几内亚湾沿岸主要港口概况

附表 1-1　几内亚湾沿岸大型港口概况

国家	港口	港口地位	岸线长度	泊位数	最大水深	吞吐量	主要货种
利比里亚	蒙罗维亚	利比里亚最大港口、国际入境点	2 002 m	8	12 m	大于 1 000 万 t	出口：铁矿石、橡胶 进口：石油、燃料、粮食、百货、机械
利比里亚	布坎南	利比里亚第二大港口	907 m	4	14 m	约 1 000 万 t	出口：橡胶及油棕制品 进口：石油及粮食
科特迪瓦	阿比让	科特迪瓦最大港口	6 085 m	36	12.5 m	大于 2 500 万 t	出口：木材、可可、咖啡、香蕉、棕榈油、矿砂 进口：粮食、水泥、机器设备、燃油及消费品
科特迪瓦	圣佩德罗	科特迪瓦第二大港口、全球最大的可可出口港	1 202 m	5	12 m	约 120 万 t	出口：木材、可可
加纳	特马	加纳最大港口	3 600 m	16	11.5 m	大于 1 400 万 t	出口：可可、木材、花生仁、咖啡、铝土及锰矿 进口：原油、水泥、汽车、建材、拖拉机及杂货
加纳	塔克拉迪	加纳第一个商业港口	1 569 m	9	10.3 m	约 120 万 t	出口：锰矿、铝土矿、林产品和散装可可豆、采矿设备 进口：熟料、小麦、石油产品和集装箱货物
多哥	洛美	多哥最大港口、承担多哥80%以上的国际贸易	1 050 m	14	13.5 m	约 1 000 万 t	出口：磷酸盐、可可、咖啡、棉花及水泥 进口：机械、车辆、石油、棉花、食品及药品

续表

国家	港口	港口地位	岸线长度	泊位数	最大水深	吞吐量	主要货种
贝宁	科托努	贝宁最大港口	1 280 m	9	10 m	900 万 t	出口：花生、棉花、棕油及棕仁 进口：纺织品、机器设备、食品及燃油等
尼日利亚	卡拉巴尔	尼日利亚的主要河港之一	1 340 m	9	9 m	约 150 万 t	出口：石油、可可、橡胶及棕榈仁等 进口：机械设备、车辆、粮食及日用品等
	拉各斯	尼日利亚最大港口	7 367 m	35	13. 3 m	约 18 000 万 t	出口：石油、花生、菜油、可可、橡胶、木材、棕榈果 进口：水泥、大米、钢铁、纺织品、车辆和各种机器
	哈克特	尼日利亚第二大港口	1 550 m	8	10. 6 m	*	出口：花生、煤、棕榈、菜油、大豆、棉花籽及锡 进口：粮食、机械、纺织品、水泥
喀麦隆	杜阿拉	喀麦隆最大港口，承担全国90%以上运量	2 330 m	13	8. 5 m	大于 1 100 万 t	出口：可可、咖啡、香蕉、棉花、木材及石油 进口：石油产品、机械设备、车辆及消费品
	克里比	喀麦隆第二大港口	615 m	3	8. 5 m	大于 640 万 t	出口：木材 进口：麦芽、大麦
赤道几内亚	马拉博	赤道几内亚首都港口	600 m	3	9. 1 m	大于 400 万 t	出口：咖啡、可可、棕榈果及香蕉等 进口：建筑材料、机械、铜、肥料、石油及杂货
	巴塔	赤道几内亚最大港口	625 m	3	14 m	大于 150 万 t	出口：咖啡、可可、木材、棕榈果及香蕉等 进口：机械、石油、食品、酒及消费品

续表

国家	港口	港口地位	岸线长度	泊位数	最大水深	吞吐量	主要货种
加蓬	利博维尔	加蓬首都，第二大港口	534 m	4	10 m	*	出口：矿石、木材及象牙 进口：水泥、车辆、酒、金属、燃油及润滑油
	让蒂尔	加蓬第一大港，承担90%石油出口	850 m	4	11 m	约2 200万t	出口：原油、胶合板、锯木及原木 进口：食品、建筑材料及酒
圣多美和普林西比	圣多美	圣多美和普林西比最大港口	200 m	1	2.5 m	*	出口：可可、椰干、棕榈仁及咖啡 进口：粮食、工业产品及日用消费品

注：表中数据来源于各国港务局、港口公司、联合国粮食计划署物流能力评估及Bridgat外贸指南等（*无数据）。

附录 2　几内亚湾港口发展能力评价指标体系及得分

附表 2-1　几内亚湾港口发展等级评价指标体系

一级指标	二级指标	参数	参数编号	含义说明
自然条件	地理区位条件	班轮运输相关指数	X1	用于反映各国与全球航运网络的连通程度
港口条件	基础设施及设备条件	泊位条件(个)	X2	综合考虑一般泊位和集装箱泊位的个数
		泊位水深(m)	X3	综合考虑一般泊位和集装箱泊位的水深
		库场有效面积(m^2)	X4	指报告期末库场面积中实际可用于堆存货物的面积
	服务管理水平	港口货物吞吐量(万 t)	X5	指经由水路进、出港区并经过装卸的货物数量
		信息化水平(1～9)	X6	指相对其他港口该港口的软件水平，企业业务对计算机信息的依赖程度，无纸化水平、电子商务开展水平及 EDI
	港口人力资源	从事港口产业人数(万人)	X7	指报告期末从事港口生产经营活动的人员数
		员工文化程度(%)	X8	指大专及以上学历人数占总人数之比
腹地条件	腹地经济条件	经济条件(亿美元)	X9	综合考虑商品进出口总额、国家 GDP
		资源丰富程度(1～9)	X10	衡量港口后方腹地的资源丰富程度，资源包括矿石、金属、燃料及农产品。主要根据世行提供的资源出口占商品出口的百分率进行打分
		物流绩效水平(1～9)	X11	定性，用于反映港口的生产力和物流绩效。原数据为 1～5，为计算便利此处将其换算成 1～9
	集疏运条件	运输网络密度	X12	用于衡量港口所在国家铁路、公路运输网络的分布密度

续表

一级指标	二级指标	参数	参数编号	含义说明
国家环境及政策条件	政治环境	政治稳定性(1～9)	X13	定性，用于衡量殖民历史对国家政局稳定等方面的影响
	政府支持力度	贸易包容度(1～9)	X14	定性，用于衡量港口所在国海关贸易流程的效率，综合考虑海关手续负担与贸易评级
		政府支持力度(1～9)	X15	定性，指相对于其他港口，该港口所在国家政府对港口发展在政策和资金等方面的支持程度

附表 2-2　几内亚湾港口发展等级评价指标原始数据

主要港口	港口序号	X1	X2	X3	X5	X6	X9	X10	X11	X13	X14	X15
蒙罗维亚港	1	8.27	4	7.1	295.86	2	30.71	8	2.229 2	6.5	4	7
布坎南港	2	8.27	3	9.4	522.07	3	30.71	8	2.229 2	6.5	4	5
哈珀港	3	8.27	1	5.5	0.36	2	30.71	8	2.229 2	6.5	4	4
格林维尔港	4	8.27	2	8	1.87	2	30.71	8	2.229 2	6.5	4	4
阿比让港	5	16.76	9	11.5	2 573.83	6	587.92	5	3.082 3	6.5	7	8
圣佩特罗港	6	16.76	5	12	408.12	6	587.92	5	3.082 3	6.5	6	6
特马港	7	18.50	18	11.4	1 404.58	7	669.84	6	2.565 3	5	6	7
塔克拉底港	8	18.50	9	10	804.08	5	669.84	6	2.565 3	5	6	4
洛美港	9	35.86	14	15	1 931.66	6	54.60	5	2.447 5	6.5	5	6
佩梅港	10	35.86	2	11	300.00	3	54.60	5	2.447 5	6.5	4	4
科托努港	11	16.96	11	9.4	950.90	5	143.91	6	2.749 9	5.5	4	5
拉各斯港	12	18.96	21	13.5	1 909.97	7	4 481.20	8	2.532 1	4	4	7
卡拉巴尔港	13	18.96	7	9	218.77	6	4 481.20	8	2.532 1	4	3	4
哈克特港	14	18.96	8	9.5	353.69	5	4 481.20	8	2.532 1	4	3	4
奥纳港	15	18.96	4	12	26.80	4	4 481.20	8	2.532 1	4	3	4
瓦里港	16	18.96	12	7	519.78	4	4 481.20	8	2.532 1	4	3	4
杜阿拉港	17	25.53	10	7.1	1 130.00	5	387.60	7	2.595 5	5.5	4	5

续表

主要港口	港口序号	X1	X2	X3	X5	X6	X9	X10	X11	X13	X14	X15
林贝港	18	25.53	1	20.1	0.97	4	387.60	7	2.595 5	5.5	4	4
克里比港	19	25.53	20	8.5	1.20	8	387.60	7	5.422 3	5.5	4	6
巴塔港	20	10.65	11	11	650.00	3	110.27	5	2.317 6	4	3	4
马拉博港	21	10.65	2	7.1	200.00	3	110.27	5	2.317 6	4	3	4
让蒂尔港	22	11.41	1	9.4	1 200.00	4	166.58	8	2.161 9	5.5	4	4
利伯维尔港	23	11.41	1	9.4	365.00	3	166.58	8	2.161 9	5.5	4	4
奥文多港	24	11.41	1	7.1	573.00	3	166.58	8	2.161 9	5.5	4	4
普林西比港	25	5.24	1	9.4	8.17	2	4.29	2	2.653 2	4	4	3
圣多美港	26	5.24	1	1.8	8.17	2	4.29	2	2.653 2	4	4	3

数据来源：世界银行数据库、各港口港务局（由于部分数据不可得，实际计算时不考虑指标 X4，X7，X8 和 X12）。

附表 2-3　主成分分析得分

港口序号	主成分				港口序号	主成分			
	F1	F2	F3	F4		F1	F2	F3	F4
1	−1.011	−1.303	1.787	−1.377	14	−0.169	2.788	−0.126	0.172
2	−1.072	−0.994	1.6	−0.583	15	−0.701	2.56	−0.017	0.878
3	−2.403	−1.118	1.263	−0.623	16	−0.28	2.787	−0.212	−0.48
4	−2.135	−1.033	1.361	−0.292	17	1.049	0.05	0.171	−0.061
5	4.576	−2.436	−0.751	−1.008	18	0.251	−0.049	0.503	3.066
6	2.266	−1.824	−1.151	0.666	19	−0.852	−0.278	−0.064	0.982
7	3.555	−0.212	−0.193	−1.132	20	−0.926	0.667	−0.763	−0.405
8	1.054	−0.507	−0.667	0.057	21	−2.103	0.244	−0.925	−0.371
9	3.555	−0.828	0.733	1.232	22	−0.865	−0.328	1.279	−0.463
10	−0.259	−1.038	0.295	2.445	23	−1.645	−0.379	1.203	−0.116
11	1.088	−0.259	−0.563	−0.19	24	−1.704	−0.435	1.132	−0.554
12	3.688	2.821	0.465	−1.307	25	−2.13	−0.82	−2.935	0.204
13	−0.083	2.869	−0.178	0.209	26	−2.742	−0.947	−3.249	−0.952

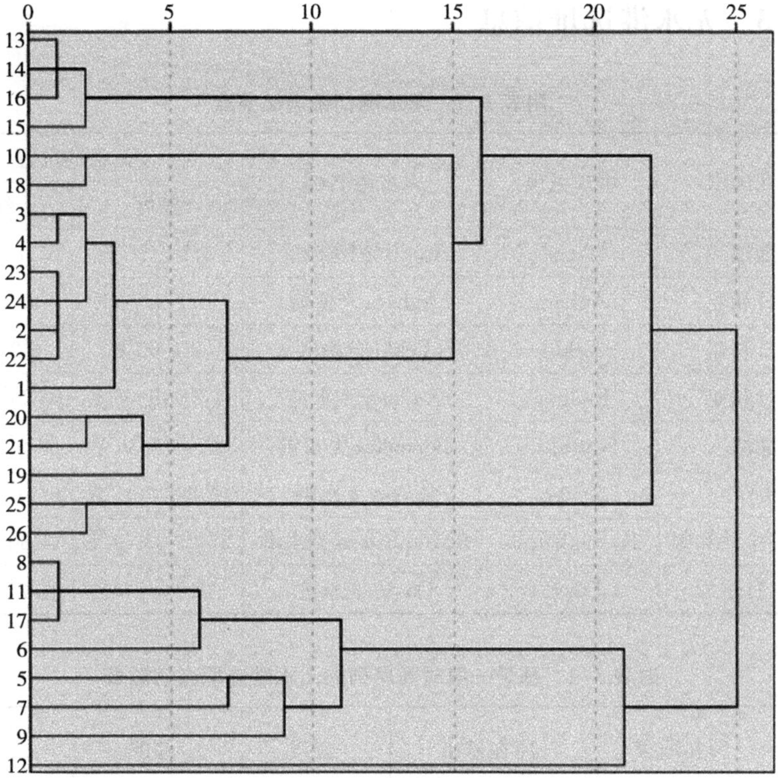

附图 2-1 港口聚类树状图

附录 3　无水港选址信息

附表 3-1　无水港初始选址节点

所在国家	所在城市	无水港名称	无水港位置	
			经度	纬度
加纳	Tema	Agility 配送园区	0°1′0.00″E	5°37′60.00″N
尼日利亚	Agbara	Agbara 产业园	3°22′9.77″E	6°25′47.79″N
尼日利亚	Lekki	Lekki 自由区	4°0′30″E	6°25′30″N
尼日利亚	Kaduna	Kaduna 无水港	7°24′59.56″E	10°29′08.62″N
加纳	Bonankra	Bonankra 无水港	1°21′43.36″W	6°39′50.14″N
贝宁	Zongo	Zongo 无水港	2°35′14.46″E	9°18′38.31″N
刚果民主共和国	Kasumbalesa	Kasumbalesa 无水港	27°25′33.58″E	11°30′46.78″S
尼日尔	Dosso	Dosso 无水港	3°12′9.05″E	13°2′36.09″N

附表 3-2　基于一般时间序列的无水港选取点信息表

序号	所在国家	所在城市	经度	纬度	规模（万 TEU）
1	尼日利亚	洛科贾	6°44′57.6″E	7°48′47.7″N	63.3
2	尼日利亚	吉梅塔	12°27′38.9″E	9°17′07.9″N	63.3
3	布基纳法索	博博迪乌拉索	4°19′52.3″W	11°11′05.9″N	18.2
4	布基纳法索	瓦加杜古	1°32′51.6″W	12°22′32.2″N	18.2
5	科特迪瓦	布瓦凯	4°23′37.3″W	8°56′11.3″N	176.9
6	贝宁	康迪	2°55′49.4″E	11°07′43.1″N	10.6
7	贝宁	波多诺伏	2°37′41.9″E	6°30′38.2″N	10.6
8	刚果民主共和国	伊莱博	20°36′05.3″E	4°19′44.1″S	24.2
9	刚果民主共和国	金沙萨	15°21′03.2″E	4°23′17.8″S	34.2
10	刚果民主共和国	基桑加尼	25°11′23.7″E	0°30′57.0″N	24.2
11	马里	巴马科	7°59′52.7″W	12°37′2.8″N	8.9
12	马里	加奥	0°2′58.8″W	16°14′39.1″N	8.9
13	加纳	库马西	1°37′24.7″W	6°44′43.3″N	64.9

续表

序号	所在国家	所在城市	经度	纬度	规模（万 TEU）
14	加纳	塔马利	0°52′51.18″W	9°22′2.84″N	64.9
15	多哥	索科德	1°08′41.9″E	8°58′25.5″N	7.4
16	加蓬	弗朗斯维尔	13°36′26.4″E	1°37′51.6″S	28.3
17	尼日尔	阿加德兹	7°59′00.0″E	16°58′00.0″N	11.6
18	中非	班加苏	22°48′37.6″E	4°44′24.1″N	2.2
19	赤道几内亚	巴塔	9°48′51.6″E	1°51′31.1″N	30.5
20	喀麦隆	奥巴拉	11°30′5.83″E	4°9′52.52″N	33.1
21	乍得	恩贾梅纳	15°1′12.25″E	12°7′26.25″N	8.9

附表 3-3　基于起飞理论乐观预测的无水港选取点信息表

序号	所在国家	所在城市	经度	纬度	规模（万 TEU）
1	尼日利亚	洛科贾	6°44′57.6″E	7°48′47.7″N	10 559.83
2	尼日利亚	吉梅塔	12°27′38.9″E	9°17′07.9″N	10 559.83
3	布基纳法索	博博迪乌拉索	4°19′52.3″W	11°11′05.9″N	1 700.436
4	布基纳法索	瓦加杜古	1°32′51.6″W	12°22′32.2″N	1 700.436
5	科特迪瓦	布瓦凯	4°23′37.3″W	8°56′11.3″N	6 626.705
6	贝宁	康迪	2°55′49.4″E	11°07′43.1″N	1 000.969
7	贝宁	波多诺伏	2°37′41.9″E	6°30′38.2″N	1 000.969
8	刚果民主共和国	基桑加尼	25°11′23.7″E	0°30′57.0″N	3 200.762
9	刚果民主共和国	伊莱博	20°36′05.3″E	4°19′44.1″S	3 200.762
10	马里	巴马科	7°59′52.7″W	12°37′2.8″N	992.190 7
11	马里	加奥	0°2′58.8″W	16°14′39.1″N	992.190 7
12	加纳	塔马利	0°52′51.18″W	9°22′2.84″N	6 147.083
13	加纳	库马西	1°37′24.7″W	6°44′43.3″N	6 147.083
14	多哥	索科德	1°08′41.9″E	8°58′25.5″N	761.983 1
15	加蓬	弗朗斯维尔	13°36′26.4″E	1°37′51.6″S	2 685.62

续表

序号	所在国家	所在城市	经度	纬度	规模（万 TEU）
16	刚果共和国	布拉柴维尔	15°12′50.81″E	4°12′28.18″S	6 449.3
17	尼日尔	阿加德兹	7°59′00.0″E	16°58′00.0″N	1 289.589
18	中非	班加苏	22°48′37.6″E	4°44′24.1″N	274.968 7
19	赤道几内亚	巴塔	9°48′51.6″E	1°51′31.1″N	3 570.214
20	喀麦隆	奥巴拉	11°30′5.83″E	4°9′52.52″N	3 492.375
21	乍得	恩贾梅纳	15°1′12.25″E	12°7′26.25″N	1 657.38

附表 3-4　基于悲观预测的无水港选取点信息表

序号	所在国家	所在城市	经度	纬度	规模（万 TEU）
1	科特迪瓦	布瓦凯	4°23′37.3″W	8°56′11.3″N	28.6
2	贝宁	帕拉库	2°31′53.74″E	9°20′14.06″N	19.5
3	喀麦隆	奥巴拉	11°30′5.83″E	4°9′52.52″N	143.6
4	乍得	恩贾梅纳	15°1′12.25″E	12°7′26.25″N	33.5
5	马里	莫普提	4°11′13.5″W	14°30′02.7″N	24.0
6	布基纳法索	瓦加杜古	1°32′51.6″W	12°22′32.2″N	34.2
7	加纳	阿克拉	0°09′10.1″W	5°38′39.2″N	26.7
8	多哥	索科德	1°08′41.9″E	8°58′25.5″N	48.4
9	中非	班加苏	22°48′37.6″E	4°44′24.1″N	16.7
10	加蓬	弗朗斯维尔	13°36′26.4″E	1°37′51.6″S	113.4
11	刚果民主共和国	伊莱博	20°36′05.3″E	4°19′44.1″S	119.5
12	刚果民主共和国	金沙萨	15°21′03.2″E	4°23′17.8″S	6.4
13	赤道几内亚	巴塔	9°48′51.6″E	1°51′31.1″N	10.9
14	尼日利亚	马库尔迪	8°30′20.9″E	7°44′36.1″N	8.9
15	尼日尔	阿加德兹	7°59′00.0″E	16°58′00.0″N	2.2